U0059990

METROPOLITAN CULTURE

大都會文化
METROPOLITAN CULTURE

中國文化的根本精神

樓宇烈

目　錄

代序

傳統是我們的原創

　　在市場經濟的大環境下，我們應該怎樣對待中國的傳統文化呢？這本不應成為問題，但是由於我們割裂了自己的文化傳統，才會提出這樣的問題。歷史文化如果是一直延續的，那麼無論在什麼樣的經濟環境下都不會被割斷。我們對傳統文化存在偏頗的看法，很多人在認識傳統上有障礙，很多人認為傳統是以現實的對立面存在的。其實，傳統跟現實根本不應該對立，現實就是在傳統的基礎上發展起來的。

　　我們都是承襲傳統文化而來的，是要做傳統文化下的現代人，還是做割裂傳統文化的現代人呢？簡單地講，我們是要做現代化的中國人，還是現代化的西方人呢？不管在什麼樣的經濟條件下，我們都要堅持做發展傳統的現代中國人，並致力於弘揚優秀的傳統文化。

　　歷史不能被割斷，只有對歷史進行反思，或者跟更古老的文化銜接，社會才能進步。西方就走過這樣的道路，它在走向近代的過程中，就是學習更古老的希臘、羅馬文化。復古不是回到過去，而是把現代根植到傳統中，再繼續向前發展。能否成為發展傳統的現代人，這是觀念問題。如果我們要做繼承優秀傳統的現代人，學習傳統文化是不應該有

問題的。

在現代經濟社會中，什麼都以市場經濟的等價交換原則作為標準是錯誤的觀念。有些東西是無法用金錢來衡量的，等價交換的原則並不適用於所有領域。有些東西的文化價值與商品價值並不完全吻合，而且一些有文化內涵的東西，不能也不應該成為商品。道德也是不能用等價交換的原則來衡量的。道德裡涉及到權利和義務，等價交換不應該成為道德的準則。道德應遵循「不計功利」的傳統，正如董仲舒所說的「正其誼不謀其利，明其道不計其功」。

一個公正的社會必定是讚揚那些對社會做出貢獻的人，而不會讚揚爭權奪利的人。如果社會不給盡責任、義務的人相應的回報，這個社會是不公正的。但社會公正與道德實踐是兩個問題，不能把兩者混為一談。你不給我回報，我就不盡義務、責任，是不對的。在社會生活中，什麼都遵循等價交換的原則，我們就會喪失做人的道德底線。

社會是不是只靠經濟發展就可以實現總體發展目標呢？答案是否定的。經濟是社會發展的基礎，但是如果沒有相應的文化發展，整個社會是得不到提升的。只有在經濟發展的同時也發展了文化，社

會才能進步。

我們要把中國傳統文化和現代社會聯繫起來。只有繼承了傳統文化，才能有本民族的特色。否則，我們雖然實現了現代化，卻喪失了自己的民族精神，沒有自己的民族特色，我們還能自稱是炎黃子孫嗎？

一個西班牙記者曾在文章中提到，中國的經濟發展了，文化認同感卻在消失。中國很快會成為世界大國，並正以某種形式，悄悄地進入西方世界。他就提出這樣一個問題：一個西方化的中國，對世界而言，是更富裕了，還是更貧困了？

現代中國如果沒有傳統文化的傳承，沒有文化的主體意識，我們就會被其他國家的文化所同化。不管世界怎麼變化，不同的國家還是要傳播不同的文化傳統。如果連這個基本的理念都沒有，雖然世界化了，但中國文化就不存在了。如果還要有中國文化，我們就要從幾千年的文化傳統中汲取養料，而不是割斷、拋棄傳統。文化自覺就是要把我們的文化根植到傳統中去。

不要以為世界化就是跟別人一樣，如果跟別人一樣，別人根本就看不起你，你永遠都會跟在別人的後面，因為那不是你原創的東西。只有自己的傳

統文化才是原創的，越是傳承民族的，就越有世界意義。現在很多人認為，只有拋棄了傳統，才是原創。原創不是拋棄傳統，而是繼承優秀的傳統去發展。拋棄了傳統去跟西方接軌，沒有了自己傳統文化的烙印，還是什麼原創呢？

　　傳統就是我們的原創。沒有傳統，哪來的原創？以醫學為例，究竟中醫是我們的原創，還是西醫是我們的原創呢？當然中醫是我們的原創。很多人否定中醫，是因為對中醫不夠瞭解，沒有把握它的核心理念，總把它看作是落後的、迷信的。如果能把中醫發揚光大，使其成為現代醫學，這才是真正的原創。

　　不管在什麼樣的環境下，我們都應該保護、繼承、弘揚優秀的傳統文化。

中國文化的根本精神

上編

中國文化的精神

百年來對傳統文化的誤讀

　　很多人都有習慣性的思維，我們也沒有去深入探究這種思維方式的優、缺點。例如，一談到禮教，首先冒出來的想法是什麼呢？禮教吃人。近代以來，這種習慣性的思維太深入人心了。對於禮教，說它吃人之外，還給它扣上一頂封建的帽子，禮教被習慣性地表述為封建的、吃人的。實際上，禮教的根本目的是讓人們認識到自己是什麼身份的人，這樣身份的人言行舉止應該遵守什麼樣的規矩。另外，人們還有一種習慣性的思維，即講到什麼事情時一定會問這個想法有科學依據嗎？這樣問沒有錯，但是如果有些事物被認為是不科學的，就一棍子打死，問題就很大了。很多人說，與科學相對應的宗教不科學、迷信。

　　毫無疑問，近代以來西方的科學、文化樣式是一種分科的學問。什麼叫科學？大體來講，就是一種分科的學問，如宗教、文學、哲學、藝術、物理、化學等。分科之學起源於近代西方，古代的傳統文化，無論是東方還是西方，都是綜合性的學問，因其具有一體性，也都不是分科來講的。現在大家慣用的、狹義的科學，就是研究客觀物質世界的學科。我們有時也稱其為自然科學。

　　在中國，科學曾經是一些人手中的棍子，到處打不科學的事物。其實很多人也沒搞懂什麼叫不科學。宗教就不科學嗎？宗教研究的是人類的精神、情感生活，怎麼能說它不科學呢？上世紀二三十年代，曾發生過一場思想論戰，現在常稱其為科學與玄學的論戰。一批學者認為，科學能解決物質世界的一切問題。另一批學者認為，科學不能解決人類精神方面的問題，因此，玄學不能被忽略。直到現在，爭論依然存在。

　　在科學與人文中，人文精神應該是中國文化的根本特徵，從古到今，都是如此。可以說，這一百多年來，中國以人文為特徵的傳統文化遭到了巨大的衝擊。人們常問的是：「這個有科學依據嗎」？可是很少會有人問：「有人文依據嗎」？所謂人文

依據，即不僅把人看作一個物質生命體，而且必須要看到，人是物質和精神結合在一起的高級生命體。我們不能離開人的精神生命來談物質生命，否則，不就跟禽獸一樣了嗎？如果不能用精神生命來管理物質生命的話，人類很可能會做出連禽獸都不如的事情，這就牽涉到科技文化與人文文化關係的問題。

在二十世紀中國文化發展的過程中，明顯存在著兩個不平衡。第一個不平衡是傳統文化和西方文化比例的失衡，西方文化所占的比例遠遠高於傳統文化，這體現在教育、社會文化等方面。人們可能知道莎士比亞，但很有可能不知道湯顯祖，湯顯祖和莎士比亞是同時代的人，一個是英國的劇作家，一個是中國的戲曲家。很多人可能知道莎士比亞的《哈姆雷特》，卻不知道湯顯祖的「臨川四夢」，連湯顯祖最著名的戲曲作品《牡丹亭》都不一定知道，這是不平衡的具體實例。

第二個不平衡是科技文化和人文文化的不平衡，我們注重的是科技文化，覺得科技文化才是實實在在的，而人文文化是可有可無的。到現在我們還經常講文化是軟實力。有人就對軟實力這個提法很不滿意，說文化才是硬實力。我認為，也不用計

較提法的問題，我們只要知道，世界上的競爭從根本上講都是文化上的競爭，最後主要看一方的文化能不能超過另一方的文化。在科技高度發展的情況下，人文顯得格外重要，因為人文文化是起引領作用的，它指明科技文化發展的方向。如果沒有人文文化的引領，科技文化就會像一匹脫了韁的野馬一樣，不知道往哪個方向去。因為有人文文化才會讓我們不至於淪為物質生活的奴隸。從某一個角度來講，科技文化確實可以改善物質生活，但它不能來解決精神層面的生活需求。

由於習慣性的思維方式，我們現在會把科技文化放在第一位。中國文化的根本精神就在於它的人文文化特質，我們不要以為科技文化是中國文化發展的根本方向。中國如果能堅持人文文化，並用人文文化來彌補科技文化的不足、缺失，這對整個人類來講，都是重大的文化貢獻。我們不能放棄中國文化中人文文化這一根本特徵。「人文」一詞出自《周易》。「剛柔交錯，天文也。文明以止，人文也。觀乎天文，以察時變；觀乎人文，以化成天下。」（《周易·賁卦·象傳》）在這裡，人文和天文是相對的。通過觀察天文，可以搞清楚四時的變化；通過人文的文化，來化成這個社會的風氣。因

此，人文是中國文化的一個根本特徵。

人文化成有兩層含義，一個含義是以人為本，以人為中心。以人為中心是指，保持人的主體性、能動性、獨立性，而不是現在批判的「人類中心主義」，不要讓人淪為神的奴隸、物的奴隸，同時也不要讓人成為天地萬物的主宰。

另一個含義是文化最初與武化是相對的，武化是用武力強制改變人的習性，文化則是以禮樂教化，讓人自覺地遵守社會的行為規範。禮樂教化達到的目標是自覺自律，讓人們知道該怎麼做，不該怎麼做。因此，《周易》上才有「文明以止」這樣的說法。

在古代中國，無論是考慮問題，還是對自然界的觀察，都離不開人。人是在向天地萬物學習的過程中，才提升出各種各樣的道德規範。我們看到天地不僅生萬物，還要養育萬物，從來沒有私心。天覆地載，天在上，地在下，萬物在中間，「天無私覆，地無私載」，天地從來不排擠任何一個事物。天地最大的德行是廣大無私，我們要向天地學習這種德行。

天地讓萬物自由地生長，卻從來不去佔有、主宰它。人類也要學習天地，我們也不能讓天地萬物

按照人的要求去運轉、變化，我們只能是「輔萬物之自然而不敢為」。簡單地說，這就是所謂「道法自然」。

我們從自然的關係中提升出應當遵守的道德，我們常常用這樣的話來教育孩子——烏鴉小的時候，老烏鴉餵它。當老烏鴉老了以後，小烏鴉就去覓食來餵老烏鴉。烏鴉反哺說明烏鴉有感恩之心。還有羔羊跪乳，是指羊羔吃奶時是很有禮貌地跪在那裡吃的。從自然的關係中，我們學到做人的道理。中國的倫理關係最看重的是自然的、內在的關係。中國的倫理關係跟西方的倫理關係不同，它不是一種外在的、契約式的關係。西方人的倫理關係是一種外在的關係，要用契約來規範每個人的行為。

魏晉玄學家王弼二十三歲就過世了，但是他留下的著作時至今日人們還在研究，他的《周易注》、《老子道德經注》依然是今天的經典著作。王弼對孝做過一個詮釋，他說「自然親愛為孝」，孝裡體現的是父母子女之間的自然親愛。孝是子女應當遵守的自然道德規範。在古代中國，在君臣、父子、夫婦、長幼、朋友這五倫裡，我們可以先不說君臣關係，其他四倫都是不可逆轉的自然關係。沒有人在社會上可以孤零零一個人生存下去，魯濱遜

即使在荒島上也還是有很多其他的問題和關係。

　　五倫中唯一像社會關係的就是君臣關係了，但是在中國傳統文化中，人們也要想盡辦法把它納入到自然關係中，把它詮釋成父子關係。君父臣子就是用這樣的邏輯規範出來的，官民關係也是如此，上述關係都不是契約關係。因此，才有「父母官」這樣的提法。在傳統社會中，之所以要這樣來詮釋，是因為傳統社會希望君父、父母官能夠像對待子女那樣去關懷臣民，做這樣的詮釋源于傳統的理念。

　　在自然親愛的父母子女關係裡，其實包含了一種最無私的精神。準確地說，沒有一個父母對子女不是全心全意地服務的。絕大多數父母都是無償付出不求回報的，當然也有極個別家長是求將來回報的。某個大學曾發生過這樣一件事，一個男生碩士畢業了，每月才掙三千多塊錢的工資。父親發火了，他說：「給你投了那麼多的資，結果你才掙這麼一點兒錢」。這個男生受不了就自殺了。

　　在父母子女這樣一種私密的關係裡，蘊含著一種最無私的精神。也正因如此，古代中國人把君臣、官民之間的關係都納入到「父子關係」中。這在當時很平常，現在覺得這樣的說法簡直可笑。三

百多年前，法國著名思想家孟德斯鳩說：「對父親的尊重意味著父親以關愛回報子女。與此同理，長者以關愛回報幼者，官員以關愛回報屬下，皇帝以關愛回報臣民。所有這一切構成禮儀，禮儀則構成民族的普遍精神。」（《論法的精神》上卷《中國人如何將宗教、法律、習俗和風尚融為一體》）我們現在一說到「父母官」就給它扣上封建的、落後的帽子，其實是我們沒有理解其最初的含義。我很希望官員都能夠像父母關心子女那樣去關心老百姓，古代中國這個理念才真正體現了全心全意為人民服務。如果我們有一種人文的思維方式，就不會只是簡單地用封建、落後、吃人來評論古代的文化傳統。

有一次，當我講到烏鴉反哺、羔羊跪乳時就說「要向天地萬物學習。」一個五十多歲的人上臺跟我說：「你講的這個是動物的本能。」我說：「如果你從科技角度來看，動物哪會有感情呢？我們不是說動物有感情，是讓人們體會出動物的這種感情，這就是人文的思維。」

老子講「上善若水」，即最好的善就像水一樣。水怎麼善呢？用人文的思維方式來體會，水永遠是往下流的，它永遠是那麼謙虛謹慎。水普澤萬物，可是從來都不求萬物的回報，這都是值得我們學習

的。水從來都不把自己固定成什麼形狀，從來不以自己為標準，然後要求大家都要和自己一樣，你是方的，水流進去就變成方的；你是圓的，水流進去就會變成圓的。因此，我們常說，君子不器，大道不器。如果完全按照自然科學的方法去看，水就是一堆物質，沒有其他意義，而中國傳統的人文特質讓我們對天地萬物都有了感情。我們不是把天地萬物看作冷冰冰的物質，而是把它看作跟人一樣是有生命的。

我在清人的書法作品中讀到一篇動人的生命奇文：

鶺鴒呼雛，烏鴉反哺，仁也；鹿得草而鳴其群，蜂見花而集其眾，義也；羊羔跪乳，馬不欺母，禮也；蜘蛛結網以為食，螻蟻塞穴而避水，智也；雞非曉而不鳴，雁非社而不至，信也。禽獸尚有五常，人為萬物之靈，豈無一得？……兄通萬卷，全無教弟之才；弟掌六科，豈有傷兄之理？仲仁，仁而不仁！仲義，義而不義！過而能改，再思可也。

兄弟同胞一母生，祖宗遺業何須爭。一番相見一番老，能得幾時為弟兄。

　　相傳，江西有兩兄弟在朝為官，哥哥是翰林院沈仲仁，弟弟是戶科都給事沈仲義。先人過世，留下萬貫家業，為爭遺產，兄弟二人反目成仇，爭訟于知府衙門，歷時六年，經三任知事，未果。已離任賦閑的知事余總憲得知這件事後，一氣呵成此文。這篇文章一出，兄弟二人都很慚愧，不再爭家產了。

　　中國的傳統文化強調要合法、合理，還要合情。葉公語孔子曰：「吾黨有直躬者，其父攘羊，而子證之。」孔子曰：「吾黨之直者，異於是，父為子隱，子為父隱，直在其中矣。」（《論語·子路》），「父為子隱，子為父隱」在現代人看來，簡直是糟糕透頂。其實，這個問題值得探討。家是什麼呢？我常講，家是安樂窩。家應該是安全、安心、快樂的地方。如果我們的家變成了我揭發你，你揭發我的地方，還有什麼安全可言呢？在「文革」中，泯滅了親情，這是很大的問題，它破壞了整個中國文化的核心理念。「文革」中，講的是「親不親，階級分」，階級立場是第一位的，親情蕩然無存了。

　　上世紀九十年代，我去韓國考察。我注意到，韓國法律規定，如果窩藏者和被窩藏者之間有親屬

關係，尤其是父母子女之間的關係，要酌情輕判。再看傷害罪是怎麼判的，法律規定，如果傷害者和被傷害者之間有親屬關係，父親傷害子女，子女傷害父親，同樣的情節，酌情重判，這就彌補過來了。韓國的法律規定，一家人住大點沒關係，多交點稅就好了，但是如果是和父母住在一起的話，房產稅就可以酌減，這樣規定就是希望子女要贍養老人，可以說，法裡包含了情。

前段時間，貴州四兄妹集體自殺，我們處理了一大批各級官員，批判了孩子所在的學校。暫不管處理得是否妥當，但是我想問一下，怎麼就沒有人批評、指責孩子的父母呢？生而不養，養而不教，四兄妹的父母沒有盡到父母應盡的責任。我們應該從這個角度入手，而不應該想辦法按照自己的方式試圖改變別人的生活。在什麼都社會化的當下，留守兒童國家都管起來，會很棘手；空巢老人國家都管起來，也做不到。

中國的文化傳統是這樣的嗎？中國的傳統是生而養，養而教，養兒防老。不是說國家設置各種機構來幫助空巢老人和留守兒童就能徹底杜絕此類悲劇。我們要想辦法，提供各種幫助，看能不能夠讓父母把孩子留在身邊。我們要做到，不要讓有父母

的子女變成留守兒童，不要讓有子女的父母變成空巢老人，這才是正確的解決辦法。不是一切都社會化就是進步了，我們要理解中國傳統文化的精髓。不是社會公共事業越發展，社會就越進步。其實，大家能做的事情，就要讓他們自己做。子女可以贍養父母的，就讓子女贍養父母，其實現在很多空巢老人不是子女沒有能力來扶養老人，恰恰是很有力量但就是要讓父母空巢待著，這不符合中國傳統的倫理思想。

　　西方的生命觀是：人是獨立的個體，上帝創造了人，因此人與人之間只有外在的關係，沒有內在的關係；而中國的生命觀是：生命是一代一代相延續的，父母子女、兄弟姐妹之間有血脈的聯繫，彼此之間都是有責任、義務的。我們是要自覺自願地來遵守倫理規則的。如果我們把傳統的生命觀等中國文化核心的觀念都拋棄了，那麼中國的復興就是一句空話。中國傳統的生命觀是一個完整的體系。從小家到大家，從小家庭到大家族，從大家族到家鄉，再從家鄉到國家都是一個整體。如果說傳統文化都被解構了，人都是一個獨立的自我，那還是中國文化嗎？我曾經問學生：「『父債子還』這個概念好不好？」學生答：「不太好。」我說：「父財子用

可以嗎？」學生答：「這當然可以。」這明顯是實用主義的觀點。其實，責任和權利應該是一致的。父母沒有完成的事情子女要完成。反過來，父母擁有的財富子女當然可以繼承。

在中國傳統文化中，古人把萬物也看作自己的同類。宋代的哲學家張載說：「民，吾同胞；物，吾與也。」我們有「親親仁民愛物」的傳統，「親親」是就家庭內部來講的。然後我們將「親親」推廣出去就是「老吾老以及人之老，幼吾幼以及人之幼」，這叫「仁民」。最後，我們還要愛萬物。

人、動物、植物都有生、老、病、死的過程，佛教講，萬法皆空。一切事情都要經歷生成、存續、變異、消亡的過程。滄海桑田，物是人非，我們所見的客觀世界也是在不斷變化的。變化就是一種生命現象，道家把生死也看作一種變化。

天人是會感應的，我們常以一些人說的比較過頭的話來否定「天人感應」的思想。「天人感應」在很長時間是被否定的。其實現代人越來越清楚地看到，天和人是可以感應的，我們能親身體會到天的變化。天冷了，你就感覺到了。天對人的影響是很直接的，人對天的影響可能要長久一點才能看到，可是有些也挺快的。其實，「天人感應」也包含了一

種人文思考，借助於天的變化讓人類警惕自己的行為。所謂的「天譴」，站在唯物主義、無神論的立場，簡直是胡說八道。但是，仔細想想，天譴就是天的大變化影響了人類，人類就要反思一下，是不是人的行為造成了天體的劇烈變化。古代若發生了地震、風暴、海嘯，統治者都要自我反省、檢討，這不能簡單地被說成是迷信的，其中也有人文的含義。

　　很多人習慣性的思維就是科技的思維方式，缺乏人文思考。現代人都只崇尚理性的思維，看不起直覺的智慧，而中國的文化恰恰是以直覺的智慧為根基的。近代西方崇尚的科學是建立在理性基礎之上的，崇尚科學也沒錯，但是不能夠把理性的智慧說成是絕對正確的。人們也可以通過直覺的、體悟的方法來認識世界。中國的文化、哲學其實更重視直覺的智慧，因為有很多事物我們眼睛一看，耳朵一聽，鼻子一聞就知道怎麼回事了，不能把理性邏輯的分析看成是至高無上的。很多人誤認為化簡為繁才是有學問的表現，別人都聽不懂那學問就更大。反之，化繁為簡、深入淺出地講解，就被認為是沒學問的。一些人把崇尚理性變成對理性膜拜了，這是不妥當的。其實，有時人的直覺更能夠反

映出事物的本質。

這百餘年來，我們形成了這樣一種觀念：只有理性才是可靠的；直覺是不可靠的。理性的東西是清晰的、準確的；直覺的東西是模糊的、不準確的。有些科學家現在已經認識到，人類認識世界並不只是理性這一條道路，直覺也是認識世界的一個不可或缺的途徑，兩者是並行的，理性與直覺都有其優、缺點。美國高能物理學家卡普拉在《物理學之「道」：現代物理學和東方神秘主義之間的平行關係》一書中指出，我們過去總以為理性才是智慧，直覺好像不是智慧，但直覺恰恰也是一種智慧，直覺是人類認識世界的一種途徑。

面對科技的發展，有一些人開始質疑中國文化，認為中國文化缺乏理論創新。眾所周知，科學理論在不斷創新，從根本上看，這些創新都是以局部觀察作為事實根據，設立一個假設，然後構建起一套理論，新理論的提出往往顛覆了人類的常識。當愛因斯坦的廣義相對論「推翻」了牛頓古典力學時，我們不能說牛頓古典力學是錯誤的，只能說牛頓古典力學只是適應於一定範圍內的真理，超出了適用的範圍真理就會變成謬誤。

可以說，理性思維存在片面性，而中國傳統文

化注重的是整體。「凡物必有合」是董仲舒提出來的，他認為，凡事有陰就有陽，有上就有下，有順必有逆，有晝必有夜。我們通過對天地萬物的觀察認識到整體性的道理，而這些道理是亙古不變的。

一些人說，古代中國沒有科學思維、理論。我說，如果套用西方的科學觀點去分析，古代中國就一無所有了。但是，中國傳統是靠直觀、直覺去體悟事物規律的。古代中國人認為，事物都處於運動變化之中，事物總是朝著相反的方向變化的。其實，這些整體性的道理就是宇宙變化的根本規律。從某種程度上講，五行生剋、陰陽消長都是符合事物發展的科學思維。兩極分化其實就是陰陽失調的表現，不要以為陰陽五行只適用於人的身體，自然、社會的管理都可以運用陰陽五行的理論。因此，中國文化不是沒有創造性，其創造性體現在實踐中，它並不追求理論上的日新月異。蘇東坡在跟他的朋友討論書法時講到一個理念，他說：「物一理也，通其意則無適而不可。分科而醫，醫之衰也。占色而畫，畫之陋也。」古人在掌握了整體的理論體系後，是在應用中去創造。

現代人還有一種思維方式─非此即彼，即總要把彼此分得很清楚，把彼此對立起來，而忘掉了中

國人的傳統是「執兩用中」。儒家講：「中庸之為德也，其至矣乎！」我們有時候把中庸看作是不講原則，其實中庸恰恰要求講原則。中庸可以倒過來講叫「用中」。據《尚書》記載，堯傳位元給舜時，交待給他四個字—「允執厥中」，就是要求他掌握中道。舜傳位給禹時，把這四個字擴展成為十六個字—「人心惟危，道心惟微，惟精惟一，允執厥中」。後來，宋明理學家就把這十六個字看作是中國從古到今道學的心傳。中國傳統文化強調，掌握中道，不偏不倚，看問題一定要看到事物的兩面，然後以中道來加以平衡。

我們往往會走極端，認為這一邊是這樣的，那一邊是與之完全相反的，如果肯定了這邊，一定不會去鼓勵那邊，其實不能那樣思考問題。儒、釋、道都講「中」，「故儒曰致中，道曰守中，釋曰空中」。儒家講的「致中」來源於《中庸》首篇：「喜怒哀樂之未發，謂之中，發而皆中節，謂之和；中也者，天下之大本也；和也者，天下之達道也。致中和，天地位焉，萬物育焉。」達到了中，天地定位了，萬物生長了。中國古代的三教都講中，「道曰守中」。張三豐說：「夫道者，中而已矣。」道就是一個「中」字，沒有別的了。《道德經》講：「多

言數窮，不如守中。」「釋曰空中」，空中即空的中
道。佛教的重要經典《中論》講：「因緣所生法，
我說即是空，亦為是假名，亦是中道義，未曾有一
法，不從因緣生，是故一切法，無不是空義。」「空
中」一詞的含義源於此。為什麼說由因緣所生的萬
物都是空的呢？這個空不是指沒有，而是指各種現
象的本性是空。佛教講事物的本質特性是無常無
我。我們在講這樣一個本質特性時，是不能離開現
象的假有，這就是佛教講的中道，因此叫作「空
中」。清代有位練內丹的道學大家黃元吉，他說，
「聖人之道，中庸而已」，這就把儒家和道教的思想
結合起來了。「中」就是順其自然，這就是中道。

　　美國物理學家卡普拉說，西方科學辛辛苦苦走
了幾百年的道路，回過頭來一看在東方的神祕主義
裡早就已經提出來了。西方文化在發展過程中汲取
了中國文化的一些根本理論。可以說，現代西方文
明的成果與中國文化提供的智慧是分不開的。

　　我們應該如何弘揚中國優秀的傳統文化呢？我
希望國人能夠以傳統文化的智慧為基礎，去吸收西
方文化中值得學習的東西，然後創造出適合當今世
界的新文化。

　　有很多人認為，人本主義是從西方引進的，是

西方的思想，於是就去學習西方的人本主義，而又往往看不見西方人本主義的弊病—「人類中心主義」和「科技萬能」思想。這些人根本就不知道人本主義是中國傳統文化的土特產。

在近代西方的變革中，啟蒙運動思想家之所以能夠衝破中世紀以神為本的文化，是因為學習了中國文化，用以人為本的中國文化去批判中世紀的桎梏。中國的人文精神在推進西方文化發展上起了重要作用。但是由於西方二元對立的思維傳統的影響，西方人認為，打倒了上帝，人就可以做主宰者。於是，一些人喊出了響亮的口號—人定勝天，人要征服、改造一切。人的力量是發展起來，但人又異化了。人主宰一切時，反過來又被物質世界所主宰。物欲是沒有止境的，為了滿足貪欲，人就變成了物質的奴隸。

西方思想家在上世紀兩次世界大戰之後進行了反思。為什麼會發生這樣世界性的大戰呢？戰爭究竟為了什麼？很簡單，戰爭就是為了爭奪資源財富。人為了爭奪資源財富，不惜上戰場，人又被物牽著鼻子走了。世界大戰以後，西方的思想家提出了「新人文主義」，而且認為要從古代中國文化中尋找思想資源。中國古代的人文思想到了西方也發

生了變異，用古代的人文精神來糾正變異的人文主義，同樣具有很大的意義。中國傳統文化提倡：人既不做神的奴隸，也不做物的奴隸，也不凌駕於物和神之上去主宰一切。

中國傳統文化中，辯證看問題的思想方式，過去常被稱作「樸素的辯證法」。其實也沒有必要給傳統的思維方式扣上「樸素」的帽子。中國傳統的辯證法思想是既有原則性，又有靈活性的。我們不一定要去區分是樸素的辯證法，還是所謂的科學的辯證法，這還是對傳統文化沒有自信的表現。運用傳統文化的智慧，其實最關鍵的還是要從這百餘年來的習慣性思維中跳出來。儘管我們常講「取其精華，去其糟粕」，但是很多人分不清什麼是精華，什麼是糟粕，「精華」部分到了無能的後輩手上也會變成糟粕的，所謂「糟粕」到了有智慧的後輩手裡也會變成精華的。對待傳統文化不能絕對化，我們應該將其放在一定的環境中去重新認識。

中國傳統的思維方式

我們需要瞭解中國傳統的思維方式。如果不知道佛教的表達方式，就會不明白其深意。做一天和尚撞一天鐘，小和尚念經有口無心，我們通常理解

為混日子。如果換一種思維方式，這兩句話太有意義了，做一天和尚撞一天鐘沒錯，和尚的責任就是要念經、撞鐘，這是盡倫盡職。如果一個人能做好本職工作，就會是一個踏實的人。我們也常用小和尚念經有口無心來形容人不思考、不動腦，現在有很多人陷入了思想誤區，一天到晚拘泥於名詞概念，鑽到牛角尖裡出不來，結果忘不了言，得不到意。小和尚念經有口無心，對名相都不盡心了，說不定就得意了。

亦此亦彼

儒家提出「由博返約」，魏晉玄學家指出要「超言絕象，得意忘言」。博是需要的，但得返約，如果博而不知返約，就會形成知障，停留在名相之中無法擺脫。現在很多學問是在名詞概念中打轉，同樣的名詞概念可以從不同的角度去理解，很多人的思維方式變成了非此即彼，此是彼必非。中國傳統的思維方式是亦此亦彼，此中有彼，彼中有此，此可以變成彼，彼也可以變成此，因為事情本來就不是那麼簡單的。《阿含經》說「此有故彼有，此生故彼生，此無故彼無，此滅故彼滅」，一切皆是緣起，緣起就是相關聯的。標準也是相對的，不是絕

對的，平衡也是動態中的平衡，要有辯證的思維，而人們恰恰缺乏這種辯證的思維方式。

人類認識的本能是非此即彼，也正是由於非此即彼，才給我們製造了種種知障和煩惱。其根源在於人的思維方式，人類認識的本能就是分別，要認識客觀世界就一定要有分別，只有具有大智慧的人才會想著去超越人的感覺、思維器官的本能。不管是佛、仙，還是聖，都是要超越人類的局限性。要獲得非此即彼的知識很容易，要獲得超越分別的認識很難，只有大徹大悟的人才能把所有分別都放下。因為具有大智慧的人有特殊的眼光和思維方式，能看到一般人看不到的東西。肯恩・威爾伯（Ken Wilber）《事事本無礙》（No Boundary）一書中就舉了這樣一個例子，人看到海岸線，第一感覺是它把陸地和海洋分開了。可換一個角度，也正是這條海岸線，把陸地和海洋連結到了一起，因此陸地和海洋是分不開的。

中國的傳統思維比較強調事物之間的聯繫，彼此關聯分不開，有時候就糾纏在一起，顯得有些模糊。太極圖裡有個陰陽魚，一條白的，一條黑的，白的裡面有個黑圈，黑的裡面有個白圈，陰陽同在一個圈裡，陰中有陽，陽中有陰，相互消長，陰陽

互根、互動，你中有我，我中有你。量的不斷變化
會引起質的變化，品質不可分。宇宙間任何事物都
不是絕對存在的，我們思考一切問題也不能絕對化。

自然合理

　　中國傳統的思維方式強調自然合理，儒、佛、
道都如此，自然就是本來狀態，只有符合本來狀態
的才是合理的，不用統一量化的標準去限定。

　　西方近代的思維方式是科學合理，把普適性放
在第一位，要普遍適用才是科學的。但是，真理恰
恰是在一定的場合下才會普遍適用，離開了這個場
合就不適用了。自然合理的思維方式強調個性化，
適合了這個人的這種狀況就是合理的，不必要適合
他人。這也不是說一定哪個好哪個壞、哪個對哪個
錯，過分地強調個性化不對，過分地強調普適性也
不對，要在它們之間找到相對的平衡點，要把握好
一個度。

　　客觀世界是很複雜的，是整體關聯、動態平衡
的，要達到自然合理才能相對符合事物的特性。很
多人對中國傳統的思維方式沒有深刻的認識，也無
法將其運用到實踐中去，這對他們來講是很困難的
事情。他們已經不習慣傳統的思維方式了，而是習

慣於西方的清晰、規範、標準、普遍的思維方式。這相對來說也是比較簡單的，要針對不同人想不同的辦法就比較難了。孔子講「有教無類」，一般從身份上來講，即貴族平民都能受到教育。其實，「有教無類」還應包括針對學生不同的智力、體能特點來教育。個體存在很大的差異性，要把每個人的個性充分發揮出來。現在批量化的生產是把多樣化變成一律化，教育也批量化、規範化、標準化，就不符合「有教無類」的傳統理念了。

現實主義的中庸論

中西方比較起來，會有同有異，不要因為同而抹殺了各自的特性，不要因為異就讓雙方完全對立、互相排斥，我們要有辯證的思維。

為什麼中國可以做到和而不同？我想就是因為中國傳統文化中有「執兩用中」的思想，《禮記》曰：「執其兩端，用其中於民，其斯以為舜乎？」因此，理學家就把「中」看成是中國文化的傳道心法，十六字心法有一定道理。按照《尚書》的記載，堯傳給舜是四個字「允執厥中」，舜傳給禹是十六個字「人心惟危，道心惟微，惟精惟一，允執厥中」，宋明理學家就把這十六字看成是儒家道統

的十六字心法。中就是不偏於任何一邊，不把任何一邊絕對化。我們要把握兩邊，但是要用中，而不要絕對化，因此才會有「中庸之為德也，其至矣乎」的說法。

美國軍事學家湯瑪斯·菲力浦斯給英譯的《孫子兵法》寫了個序，序裡提到西方兵聖克勞塞維茨的《戰爭論》和中國兵聖孫武的《孫子兵法》。他比較了兩位兵聖的思想，西方以克勞塞維茨為代表的是理想主義的絕對論，以孫子為代表的中國軍事思想是現實主義的中庸論，這個對比非常清晰地點出了中西思維方式上的不同。西方追求理想主義、完美主義，因此做事情絕對化，他就曾經講，在戰爭中，最終解決問題的是戰鬥，是流血。消滅敵人軍隊，不僅指消滅敵人的物質力量，還包括摧毀敵人的精量力量。戰爭一定要達到最完美、最理想的結局才行。但是，孫子講，攻心為上，戰爭的最高境界是不戰而勝，不一定要把敵人都消滅光。湯瑪斯·菲力浦斯很讚賞中國的思維方式，他稱，孫子的思想在今天仍然適用。中國傳統的思維方式不是一種抽象的、純粹的理想主義，而是要面對現實，因為現實總是不完美的。

中國人的身份認同危機

反觀現在我們的教育，理想主義的成分太多了，面對現實的課程太少。人們把社會理想化，而現實是殘酷的，不一定一切如你所願，這樣的現實能不能承受就成了大問題。

實踐理性還是一個價值觀念，即要求把理想落實到行為、人際關係中去，這一點中西是一致的。但是，中西的價值判斷不一樣，這是文化裡核心的部分，中西價值觀念、思維方式存在很大的差異。

如果我們的價值觀念完全變成了美國的價值觀念，我們的思維方式就完全是美國的思維方式了，那我們究竟是中國人還是美國人呢？這就出現了身份認同的危機。有一首流行歌曲《我的中國心》唱道：「洋裝雖然穿在身，我心依然是中國心。」這首歌實際上涉及到了文化的表面層次和生活樣式問題。幾年前，《華盛頓郵報》上曾刊登過一篇文章《崛起的中國面臨身份認同的危機》，文章聲稱：「如同大約二十年前的日本一樣，中國的經濟奇跡發生的速度之快，令中國的政治家在認識上感到困惑。中國眼下也正在設法弄清自己的身份。」如果我們文化中深層次的價值觀念、思維方式都變了，

就等於換心了。有些人最後就變成「香蕉人」了，
皮是黃的，裡面是白的了。

中國哲學以實踐為特性

　　在中國傳統文化中，沒有把實踐理性與純粹理性分得那麼清楚，是因為中國傳統的哲學以實踐為特性。中國傳統哲學不會離開實踐而去抽象地談純粹理性，它更強調實踐性。在這一問題上，有人批評中國哲學沒有純粹理性，不能稱之為真正的哲學。上個世紀就討論過這個問題：中國究竟有沒有哲學？一些人講，中國只有實踐理性的哲學，具體來講，中國有倫理哲學、歷史哲學、藝術哲學，但沒有西方意義上的哲學。另一些人講，中國有準哲學，古代中國人從現象中可以歸納出一些道理。

　　我覺得中國文化有其自身的特點，使用西方人的哲學學科分類方法，採取與西方一樣的標準來衡量，就會產生一系列的問題。我們以西方的哲學模

式來規範哲學，採用歐洲的定義作為唯一的衡量標準，用西方的實證科學的概念來衡量科學，符合西方概念的就是科學的，不符合的就不是科學的，諸如此類的判斷體系，勢必會對中國傳統文化產生質疑。

近代以來，我們也以西方學科的基本模式作為標準來衡量一切。據此來衡量，可以說，中國就一無所有了。既沒有西方標準意義上的哲學，也沒有宗教、科學。胡適在哥倫比亞大學留學時撰寫的博士論文《先秦名學史》對先秦哲學進行了邏輯分析。有人說，中國沒有邏輯，要有的話，也就是先秦名學有一點邏輯，這以後中國就沒有邏輯了。我就覺得奇怪了，邏輯是和語言聯繫在一起，如果沒有邏輯，說話就會顛三倒四的。

中國的邏輯是語境邏輯

中國人有自己的邏輯，有說話的一套規則。

我常講，中國的邏輯是語境邏輯。一定語境的次序就決定了概念的性質，而不是脫離了語境來抽象地分析某個詞。我們不能脫離語境來分析大前提、小前提然後得出個結論。有些人片面地認為邏輯只有一個模式，亞里斯多德的三段論是標準模

式，按此標準來評價，中國就沒有邏輯。

中國人幾千年說話真的都顛三倒四嗎？不是那樣的。中國有自己的邏輯，只是我們沒有去挖掘它，哲學也是如此。明末的李之藻在翻譯《名理探》的時候，涉及到斐祿瑣費亞（Philosophia 音譯）這個概念，他講得很清楚，斐祿瑣費亞從字面上講就是愛智，這種愛智的學問在中國就相當於理學，他並沒有拿西方的某個標準來衡量中國的學問。

中國的宗教是人道的宗教

上個世紀，幾乎所有人都在講中國沒有宗教，按照歐洲唯物主義者和無神論者對宗教的定義，中國沒有西方意義上的宗教，大部分中國人都認為中國是沒有宗教信仰的國家。我想現在絕大部分的人在填表時都會在宗教信仰上填「無」。那中國歷史上到底有沒有宗教呢？

康有為不簡單，他提出中國也是有宗教的，宗教可以有不同的形式。中國是人道的宗教，西方是神道的宗教。他進一步指出：「中國之人心風俗禮儀法度，皆以孔教為本，若不敬孔教而滅棄之，則人心無所附，風俗敗壞，禮化缺裂，法守掃地。」（《康有為政論集·亂後罪言》）

　　章太炎認為，佛教是無神論的宗教。如果我們按照歐洲對宗教的定義來看，無神恰恰是宗教的對立面。章太炎還想把佛教立為中國的國教，因為佛教具有無神的性質，跟科學精神相一致，也有許多跟民主精神相一致的概念，例如，佛教講眾生平等。

　　章太炎指出了中西哲學的優缺點，他說：

　　外國哲學是從物質發生的……外國哲學注重物質，所以很精的。中國哲學是從人事發生的……於物質是很疏的。人事原是幻變不定的，中國哲學從人事出發，所以有應變的長處，但是短處卻在不甚確實。這是中外不同的地方。於造就人才上，中勝於西，西洋哲學雖然從物質發生，但是到得程度高了，也就沒有物質可以實驗，也就是沒有實用，不過理想高超罷了。中國哲學由人事發生，人事是心造的，所以可從心實驗，心是人人皆有的，但是心不能用理想去求，非自己實驗不可。中國哲學就使到了高度，仍可用理學家驗心的方法來實驗，……這是中勝於西的地方。（《太炎學說》）

　　中西哲學關注的物件不同，西方哲學關注的物件是物質，中國哲學關注的物件是人事。物質是靜

止的，可以精確細緻；人事是變動不居的，只能是模糊的。我想，大體來講，西方的科學同樣更關注物，中國的科學也更關注人自身，這就形成了許多不同的思維方法，一個是物道的科學；另一個是人道的科學。

神道宗教以神為根本，人道宗教以人為根本；物道科學以物為根本，人道科學以人為根本。從這個意義上講，不同的背景可以形成不同的哲學、宗教、科學，而以唯一標準來衡量一切，很多人的思維就會被唯一標準禁錮。如果打破唯一標準的禁錮，認同宗教可以有不同的形態，可以是有神的，也可以是無神的，科學、哲學也可以有不同的形態，我們的眼界就會更開闊，就可以通過中西方文化相互吸收精華來豐富、發展中國的傳統文化，而不是只信一個，排斥另一個。

找回自我

中國人很早就提出：天生萬物是為了養性的，而不是去性養的。養性是為了讓人性能夠得到更好的滋養，如果人的七情六欲被物質牽著鼻子走就是性養了，人就異化了。在科技昌明的時代，最大的問題在於在科技的衝擊下人的自我淪喪。本來人創造的科技文化是為了讓人獲得更大的解放和自由，物質文明也應該是讓人身心更加健康，但結果卻事與願違。

上個世紀初，人們就開始哀歎人成了機器的奴隸。本來發展科技是為了解放人，讓人有更大的活動空間，結果機器把人牽制住了，人的生活變得枯燥單調。現在很多人都成了資訊的奴隸，電腦發展到現在也才幾十年時間，到八十年代才有了微型電

腦，當時人們覺得有了電腦就能實現無紙化辦公，可以節約大量紙張，可事實是更加浪費紙張了。人也越來越依靠電腦了，可能一不小心電腦上儲存的東西就全部丟失了，這是非常可怕的。人本來想更主動，結果卻變得更被動，這種異化的結果是人的主體性的喪失。

人文就是以人為本，讓人類找回自我。人要去適應外在的世界，但更多的是要掌握主動權，不被外界束縛住。有句話講得好，所有科技都是人的感官的延伸，這會讓人忘乎所以，自以為了不起。可事實上現在人們依然無法全面瞭解地殼的運動，不知道什麼時候會發生地震。人要既看到自己的偉大，也要看到自己的渺小，不要被偉大沖昏了頭腦，不然遭殃的會是人類自己。

每個人都會有得病的時候，但人自身有免疫力，人也擁有靠自身的調節就能痊癒的能力。現代醫學發展的結果是人類對藥物越來越依賴，不太相信自己還有免疫力等。某些科技發明會讓人本來具有的功能退化。人的創造發明越多，人自身能量的開發能力就越弱。隨著科技的進步，人的直覺力降低了，變得越來越麻木，人各方面的能力其實是在弱化。

以前夏天沒有電扇也過來了，但現在人離開了空調就沒法生活了。人的抗寒抗熱的能力也降低了，越來越經不起寒熱，空調的發明也在一定程度上造成了環境的惡化。人本來具有的能力弱化了，人類自身也越來越沒有信心。人一有病，就馬上想到要上醫院看病，然後打針吃藥，這是非常自然的事情，而想不到自己要多調理，情緒快樂一點。有的病不是藥能治好的，更多的是需要情緒的調節，這不是高科技能解決的問題。現在提倡要讓人病了都有地方看，能夠看得起病，這只是治標，不是治本，要讓大家少生病、少看病才對。《黃帝內經》上說「不治已病治未病」。防病不得病，就不需要那麼多醫院了。現在的觀念也存在很多問題，醫院是專門找病來治療的，其實不生病才是最關鍵的。傳統的說法是「病由口入，病由心生」，這告訴我們要不生病就得管住嘴，調好心，這樣就可以少得病了。人們管不住嘴、調不好心，病就越來越多了，醫院根本處理不過來。大家樂於去吃喝消費，會把人的脾胃都吃壞了。中國的養生文化裡講到，脾胃一衰，百病皆起。脾胃是後天生命之本，全身的給養都要通過脾胃來補充，養護脾胃很重要。中國有一個派別就主張看病首先要調理脾胃。現在有的女

孩子怕胖就不吃主食，其實這是沒有道理的，不吃五穀問題很嚴重。五穀生氣，精氣神中氣是根本，沒有氣，哪來的精和神？中國古代養生講氣是基礎，神是主導，要養氣、養神。

現在的社會不能只靠科技，要把人的潛能充分地開發出來，不僅是人的身心，而且很多社會的問題都要從人文來入手。人文關懷是一種情感的投資，有時候一句好話比任何營養品都管用。佛教講要有慈悲心、佈施心，不只是給錢才是佈施，一句好話、一個笑臉也是佈施，語言、行動的佈施也很重要。現在很缺乏這樣的人文關懷，很多人怨天怨地、怨人怨事，就是不怨自己，這樣的人煩惱一定會多，而大部分的煩惱都是自己想出來的。

很多社會問題都與人的精神狀態相關，生理上的病多半來源於人的情緒。情緒還只是一個層面，更深層的是人生觀、價值觀。很多人很茫然，對人生充滿憂慮，其實，活好當下最重要。在短暫的人生中，正確認識自己，給自己一個準確的定位是很有必要的。追求享樂、對他人冷漠、自私自利都是在傷害別人，尤其是對親人會造成很大的傷害。

我們的每個行為都要檢點，中國有句古話「勿以惡小而為之，勿以善小而不為」（《三國志・蜀書・

先主傳》裴松之注），一個社會是各種力的合成，社會的發展是合力運動的結果。

大家要明白人生的價值、生命的意義，人文的教育也著重於此。人不能渾渾噩噩過日子，一個人要獲得身心健康，據中國古代的養生，要做到「馭慾、養情、明理」，控制好七情六慾，掌握正確的人生觀、價值觀，懂得生命的意義。

現代社會許多人都有嚴重的心理問題，這引起了世界範圍的廣泛關注。有人提出 21 世紀主要是心理疾病的世紀，百分之八九十的疾病都是由不良情緒引起的，過於激動、悲傷都會傷害身體。我最近在思考一個題目，就是自然、人文的生命文化。中國的養生文化就是生生之學，天地生生不息，天地之大德是生，「生生之謂易」（《周易‧繫辭上》）。天地生養萬物，我們就要珍惜、善待生命。中國古代一直把生生之學看作是重要的學問，天地萬物中人最寶貴，人生難得，要善待生命，千萬不能輕生、害生。中國講衛生，日本講厚生，即保衛、厚待生命，這都是中國傳統的理念。《呂氏春秋》裡把生分為四等，第一等叫作全生，第二等叫作虧生，第三等叫作死，第四等叫作迫生。「所謂全生者，六慾皆得其宜也。所謂虧生者，六慾分得其宜也。……所

謂死者，無有所以知，復其未生也。所謂迫生者，六慾莫得其宜也，皆獲其所甚惡者。」（《呂氏春秋·貴生》）死是回到沒有慾望的狀態，迫生是六慾都不得其宜，就會活得很痛苦了，現在很多人都是活在迫生的狀態。生命品質不取決於物質，沒有物質，我們的生命品質一定是低下的，但物質並不一定就能提高我們的生命品質，最重要的是我們要用精神去支配慾望。

　　人文就是要從身心的健康、人類的發展等方面來全面考慮。我曾經提出一個問題：「科技是不是越發達越好呢？」有的人就覺得這個問題很奇怪，當然是科技越發達越好。我覺得人能夠達到的科技目標並不一定要去達到，有時達到了目標並不見得是好事，可能帶來的負面效應更大。我想人遲早會有能力複製出更多生命來，如果複製出一個跟你一模一樣的人出來你受得了嗎？同時我們也需要科技倫理，在科技倫理中，規定哪些能創造，哪些不能創造。科技創造不是僅僅為了滿足人類的發明欲和成就感。

　　科技雖然幫助了我們，但它如果沒有人文精神的指導，就會失去靈魂。現在要大力呼籲人文精神的回歸，人文教育的恢復。

以人為本
——中國文化最根本的精神

　　與西方文化相比，以人為本的人文精神是中國文化最根本的精神，也是一個最重要的特徵。中國文化中沒有一個外在的神或造物主，中國家庭、社會秩序的維護都是靠道德的自覺自律。中國傳統文化強調人的主體性、獨立性、能動性。

　　以人為本的中國文化是中華民族對人類的一項重要貢獻。在很多人的觀念中，現在的人本主義是西方的舶來品，而根本不知道它原來是中國文化的土特產。近代西方文化所宣導的人本主義思想，與中國傳統文化中的人本思想有著密切的關聯。

　　中國自西周以來就確立了以人為本的文化精神，而西方在西元一世紀以後確立的是以神為本的

文化，基督教是西方文化的精神核心之一。西方直至歐洲啟蒙運動時期才高舉起人本主義的旗幟，思想家們啟發人不要做神的奴隸，要做人自己。啟蒙運動的思想來源之一是古希臘羅馬文化，而更重要的來源是十六世紀以後通過西方傳教士從中國帶回去的以人為本的文化精神。他們以中國的人本思想去批判歐洲中世紀以來的神本文化，高揚人類理性的獨立、自主，把中國看作是最理想的社會。從某種程度上講，歐洲的人本主義是從中國傳過去的，深受中國文化的影響。

一

我們一定要知道中國文化中的兩個優秀傳統。一個是「以史為鑒」，一個是「以天為則」。唐太宗說：「以銅為鑒，可正衣冠；以古為鑒，可知興替。」（《新唐書·魏徵傳》）古代中國重視歷史經驗的積累。在全世界，中國的歷史著作是最系統、最完備的，中國有「二十四」史，還有很多野史或輔助性的歷史資料。中國每個朝代等到政權相對穩定以後，做的第一件事是制禮作樂，第二件事就是修前朝的歷史。中國以人為本的人文精神就是通過「以史為鑒」總結出來的，是這一文化傳統的成果。

　　西周初期，人們反思夏、商兩代興亡的原因。通過對歷史的觀察，人們看到夏代發端于大禹治水。當時天下洪水氾濫，民不聊生。大禹把水災治理好，讓老百姓安居樂業，大家擁護他建立了夏朝。可是最後一個君主夏桀，荒淫暴虐，老百姓一天到晚都在詛咒：「時日曷喪，予及汝皆亡！」（《尚書·湯誓》）就在這樣一個「有夏昏德，民墜塗炭」（《尚書·仲虺之誥》）的時期，商部落在成湯的帶領下推翻了夏朝，建立起商朝，老百姓歌頌他把人們從水深火熱中解救了出來。商代是中國歷史上非常重要的一個時代，我們現在能看到的早期相對成熟的文字就是商代的甲骨文。商代人很信天命，最後一個天子紂王荒淫暴虐，他在位的時候已經出現了民心叛逆，大臣祖伊告訴他，民心都要歸向周部落了，得注意了。紂王卻說：「嗚呼，我生不有命在天？」（《尚書·西伯戡黎》）紂王自認為周人也奈何不了他。可哪裡知道，西北地方的周部落受到民眾的擁護，在武王的帶領下，推翻了商朝，紂王兵敗自殺。商滅夏，周滅商，在歷史上稱為「湯武革命」（《周易·革卦·彖傳》）。

　　以歷史為鏡，周王朝一開始就認識到這樣一個道理：「天命靡常。」（《詩經·文王之什·文王》）

天命是會被別人革掉的。天命怎麼變化呢？根據什麼變化呢？《尚書》裡記載了周人對歷史經驗教訓的總結：「皇天無親，惟德是輔。」（《尚書·蔡仲之命》）這是非常重要的一句話。周人提出了一個重要的觀念─「敬德」，而且要「疾敬德」（《尚書·召誥》），即努力地、迅速地提升自己的德行。這就形成了中國文化的人文特徵，即決定命運、政權興亡的不在於外在的力量，而在於人自身德行的好壞。古人認為，上天是根據民意來做事情的，《尚書》裡有很多這樣的記載，如「民惟邦本，本固邦寧」（《尚書·五子之歌》），「天視自我民視，天聽自我民聽」（《尚書·泰誓中》）等等。春秋時期齊桓公和管仲曾有一段對話：

　　齊桓公問于管仲曰：「王者何貴？」曰：「貴天。」桓公仰而視天。管仲曰：「所謂天，非蒼莽之天也。王者以百姓為天。」（《韓詩外傳》卷四）

　　中國文化裡的「天」不是簡單地指天空，也不是指造物主。天的含義很豐富，是天道的天，天也代表民意。中國文化的人文精神重點就在於人不受外在的力量、命運主宰，不是神的奴隸，而是要靠

自身德行的提升。以人為本的人文精神的核心就是決定人的命運的根本因素是人自己的德行，是以「德」為本，而不是靠外在的「天命」，人不能成為「天命」（神）的奴隸。

從中國傳統文化中，我們可以看到古人非常強調修身。《大學》的第一句話是：「大學之道，在明明德，在親民，在止於至善。」第一個「明」是發揚光大，第二個「明」是形容這個德是光明正大的。每個人都有明德，我們要把它發揚出來。這幾句是《大學》的「三綱領」。《大學》還有「八條目」：格物、致知、誠意、正心、修身、齊家、治國、平天下。其中修身是關鍵，因此才有「自天子以至於庶人，壹是皆以修身為本」的提法。修身就是自我德行的提升，不僅僅是在口頭上、認識上，更重要的是要在行動上、實踐上提升自己。

為了不斷提升自我的德行，就必須防止物欲的引誘和腐蝕，人不能成為物的奴隸。先秦末期的思想家荀子在書中記載了一句諺語：「君子役物，小人役於物。」意思是說，君子能夠控制物，而小人就會被物所控制。《管子》中有一篇文章叫《心術》，這篇文章講得很清楚，「心」在人體中處於君的地位，五官處於臣的地位，「無以物亂官，毋以官

亂心」。眼、耳、鼻、舌、身這些感官要受心的統治
和管理，五官與外界接觸之後是去管理外物的。眼
睛看到美色、鼻子聞到香味、嘴巴嘗到滋味，都得
去管理物，不能反過來讓這些物管住感官，不能讓
感官管住心，一顛倒就變成小人了。能夠用心管住
五官，用五官管住外物，這就是君子。因此，要成
為一個有獨立性、主體性、能動性的人，就不應該
被物管住，不能被物欲腐蝕，否則就會喪失做人的
底線。

我曾對中國文化中以人為本的人文特色做過一
個簡單的描述，即：「上薄拜神教」，「下防拜物
教」。

人要自覺地從物慾中解脫出來並不容易，人要
自覺自律地奉行為人之道也很艱難。當今世界人與
人之間爭鬥不已，民族、國家內部、外部大小戰爭
不斷，新人本主義的大旗仍需要繼續高舉。上世紀
兩次世界大戰後西方社會高舉新人本主義的大旗，
就是為了使人從物慾的牢籠中解脫出來，做一個遵
循人道、關愛人類、懂得自覺自律的人。

歐洲啟蒙運動時期的人本主義思潮在衝破中世
紀神本主義文化中取得了極大的成就，發展為西方
近代以來的理性文化。西方社會取得了人類社會史

無前例的科技、人文文化的大發展、大進步。但同時我們也必須注意到，中國文化中以人為本的人文精神在西方文化傳統影響下所發生的變異，即在西方傳統文化中非此即彼的二元對立的思維方式影響下產生的一系列問題。當人類從神的腳下站立起來後，人的主體性、獨立性、能動性得到了肯定，人就要替代神來主宰天地萬物了。人隨著理性被肯定，科技力量的增長，喊出了「人定勝天」的豪言壯語。受「科技萬能」思想的影響，許多人認為人類應當而且能夠征服自然、改造自然。在人類理性力量的成果—科學和技術日益發展的情況下，「科學主義」、「科技萬能」的思想日益氾濫。人類自以為憑藉科技的力量可以隨心所慾地去征服、改造自然，主宰宇宙。與神本文化相對的人本主義被異化為人類要主宰一切的「人類中心主義」了。為了滿足人類的貪慾，人類對自然的征服、改造又異化成對自然資源的過度開發和掠奪，這使人淪落為物質的奴隸。

二

中國文化中還有一個重要的優秀傳統，即「以天為則」的傳統。

　　中國文化中的以人為本是強調人的自我管理，是向內的管住自己，不僅要管住感官，更要管住心。人只有管住自己的心，才能管住自己的行為。在傳統文化典籍中有這樣的記載：「心之在體，君之位也。九竅之有職，官之分也。」（《管子·心術上》）「無以物亂官，毋以官亂心。」（《管子·心術下》）「君子役物，小人役於物。」（《荀子·修身》）人要保持品德，就要警惕物慾的腐蝕。如果放縱自己，對慾望無止境地追求，人就會被物控制住，喪失自己的獨立性、主體性、能動性，而成為物的奴隸。

　　中國文化中另一個重要傳統是「以天為則」。孔子說：「大哉！堯之為君也，巍巍乎！唯天為大，唯堯則之。」（《論語·泰伯》）中國人非常強調以天地為榜樣，向天地學習。如果去孔廟，人們就可以看到，我們是用「德配天地」、「德侔天地」來讚揚孔子的。聖人的品德能夠與天地相配，與天地一樣高明博厚。從另一個角度來講，人絕對不能去做萬物的主宰，相反，恰恰是要向天地萬物學習。道家講的「道法自然」也是如此，「自然」不是如今所說自然界的概念，而是說事物的自然而然、本然的狀態。值得我們學習的「道法自然」就是強調人應尊

重事物的本然狀態。

　　天地有很多值得我們學習的品德。我們看到天地從來沒有因為喜歡不喜歡而捨棄一些東西，天上的太陽、月亮、星星都是普照萬物的，「天無私覆，地無私載，日月無私照」（《禮記·孔子閒居》）。天地是這樣地廣大無私，包容萬物，人類首先就要學習天地的這些品德。很多人說中國的文化講的是「天人合一」，其實，更準確地說應當是「天人合德」，即人與天在德行上的一致。天地是非常誠信的，孔子說：「天何言哉？四時行焉，百物生焉。天何言哉？」（《論語·陽貨》）用一個字來形容天就是「誠」。《中庸》裡講：「誠者天之道也，誠之者人之道也。」孟子也說：「誠者天之道也，思誠者人之道也。」（《孟子·離婁上》）這也就是說，人道是從天道學來的，天道是誠，因此，人也要誠。這一說法在《周易·觀卦·象傳》裡也可以得到印證：「觀天之神道，而四時不忒。聖人以神道設教，而天下服矣。」這裡的「神」不是造物主的神，「陰陽不測之謂神」，「知變化之道者，其知神之所為乎」（《周易·繫辭上》）。在中國傳統文化中，「神」最根本的含義是指萬物的變化。過去我們把「神道設教」曲解得一塌糊塗，以為這四個字是講抬出一個神秘

的、高高在上的神來教化大家。其實，這裡一點兒神秘主義都沒有。我們觀察天的變化之道，看到春夏秋冬四時是沒有差錯的，這就是誠。聖人按照天的神道—「誠」來教化民眾，天下就太平了。在某種意義上講，人最主要的德行都是從天地中學來的。

我們不僅要向天地學習，還要向萬物學習。唐代詩人白居易的一首詩中說：「離離原上草，一歲一枯榮。野火燒不盡，春風吹又生。」（《賦得古原草送別》）這是要人們學習小草頑強的精神。有兩句寫竹子的詩：「未出土時便有節，及凌雲處尚虛心。」這是要人們堅守做人的氣節，地位、身份再顯赫也要虛心謙下。

最值得人學習的就是水。老子《道德經》中說「上善若水」，也就是說，水具有最高的品德。很多書裡都記載了「孔子遇水必觀」，中國人很注意向水學習。水的品德太多了。水總是往下流，普潤萬物，從來不居功自傲，要求回報，這是謙虛的品德。水也能夠包容萬物，它沒有自己的形狀，而是隨器賦形。孔子說「君子不器」（《論語·為政》）。水還有堅忍不拔、以柔克剛的品德。最柔弱的水滴穿透了堅硬的石頭，就是因為水有堅忍不拔的精神。

人們常說，女人是水做的。女人柔弱，可她又

有一股韌勁兒。以柔克剛，剛柔相濟，這是雙贏。如果以剛對剛，一定是兩敗俱傷。現在社會上懂得運用柔的智慧的人太少了。現代社會中，女性的作用日益凸顯，人們常常用陰盛陽衰來評說這種社會現象。其實，陰盛陽衰只是從現象上來看的，而實際上是陽盛陰衰。因為本來應該陰的、柔的，現在都變成陽的、剛的了。拿人類與整個自然關係來說，如果說整個自然是陽，人類是陰，現代人要去征服自然，人就變成陽了。以陽對陽，結果是人類自身遭殃。我們是陰，就應該順應自然的變化規律。

在中國的傳統文化中，一方面強調人不能做神的奴隸，也不能做物的奴隸，而要做人自己，保持人的主體性、獨立性和能動性；另一方面強調人也不能狂妄自大，不要去做天地萬物的主宰，反而要虛心地向天地萬物學習，尊重、順應自然。「以人為本」的人文精神與「道法自然」、「天人合一」的思想的結合，保證了中國文化中的人本主義不可能異化為「人類中心主義」。

縱觀近幾百年來的歷史，人與自然的關係、人與人（社會）的關係、身心的關係，日趨緊張、惡化，原因之一就是以人為本的人文精神的遺失。因此，現在亟須重振以人為本的人文文化，而拋棄異

化了的「人類中心主義」，以及與此相關的「科學
主義」、「科技萬能」等思想。正確地闡釋和弘揚中
國傳統文化中以人為本的人文精神，將它貢獻給世
界，是當前弘揚中國優秀傳統文化的重要任務。

中庸之道

　　怎樣理解傳統文化中的中和思想呢？據《中庸》記載，「喜怒哀樂之未發，謂之中；發而皆中節，謂之和。中也者，天下之大本也；和也者，天下之達道也。致中和，天地位焉，萬物育焉。」「喜怒哀樂之未發，謂之中」，這個「中」是在內的意思，沒有表現出來；「發而皆中節」，即符合節度，就是恰如其分的意思，這就是「和」，其達到的結果就是平衡、和諧。「庸者，用也」，「中庸」反過來講，也就是「用中」，這是一個實踐的原則，通過「中」這個原則，達到「和」的狀態。「致中和，天地位焉，萬物育焉」，名分、地位都確立，天覆地載，天地各在其位，萬物便生長繁育了。這句話是用來解釋中庸以及中庸所達到的狀態的。喜怒哀樂

表現出來時要符合節度，恰到好處，也就是孔子講的「樂而不淫，哀而不傷」。

中庸是儒家的根本實踐原則。孔子說：「中庸之為德也，其至矣乎！民鮮久矣。」現在按照中庸的原則來做事情的人依然很少。很多人誤認為中庸就是無原則的調和，其實中庸恰恰是講原則，有標準的，不能過度，也不能不及。中庸不是調和各方面的意見使之適中，或哪裡力量強了就往哪裡去，這種調和是「德之賊」，是鄉愿。也有一些人把中庸與折中主義混為一談，這也是錯誤的。「折中」這個概念，有其標準的涵義，即判斷事物的準則，司馬遷說：「中國言六藝者折中于夫子，可謂至聖矣！」（《史記·孔子世家》）

我們對中庸的概念認識不足，如果在實踐過程中違背了中庸之道就會出問題。對子女不管不顧會出問題，過分溺愛也會出問題；老餓著肚子會出問題，總是吃得過飽也要出問題。現實生活的其他方面也是如此，我們離不開中庸之道。社會是各種合力的結果，我們要用中庸之道讓社會達到中和的狀態。

什麼是無為而治？

　　無為而治有相當現實的意義。我們首先要搞清楚什麼是無為而治，無為而治不是無所作為。在我看來，無為而治比所謂的作為更難，為什麼呢？道家講的無為而治，即不要用主觀去干涉客觀的事物，要充分把握客觀事物發展的趨勢，然後順應這種趨勢，推動世界的發展。在推動世界發展的過程中，可以實現人的願望，這是更高級的無為，所以叫作「無為而無不為」。

　　「若吾所謂無為者，私志不得入公道，嗜慾不得枉正術。」（《淮南子·修務訓》）這就點明了什麼是真正的無為。私志就是個人的願望，以人類來講，即人類的願望。公是天地萬物，公道是天地萬物運行的根本規律。我們不能用人類的願望去隨意干涉

公道。「嗜慾不得枉正術」中的「嗜慾」也就是愛好，「枉」就是影響干擾。正術，即正確規律。書中還有以下幾句話：「循理而舉事，因資而立功，權自然之勢，而曲故不得容者，事成而身弗伐，功立而名弗有。非謂其感而不應，攻而不動者。」我們做什麼事情都要遵循事物之理，這還不見得一定能成功，還要看條件是否具備，環境是否適合。這就是道家的無為而治，用老子的話講就是「輔萬物之自然而不敢為」。（《老子》六十四章）我們能夠輔助事物按照其規律發展，這就是無為而治。

　　《淮南子》中還提出了「權自然之勢」的理念。達到無為而治的境界比想怎麼幹就怎麼幹要難得多。每個人都有這樣的體會，我們經常好心做壞事，好心沒錯，但為什麼會做壞事呢？動機跟效果為什麼不一致呢？就是因為你沒有把握好時機，沒有考慮到條件是否成熟，環境合不合適。有些理想主義者認為，只要是合理的、理想的就應該去做，而不知道理想雖合理，條件卻不具備，理想也不會轉化成現實。老子無為而治的思想是要我們充分把握事物發展的根本規律。中國哲學中「勢」這個概念非常重要。我們常講趨勢、勢位，趨勢是事物總體的發展方向，任何力量都阻擋不了，只能順著勢

去引導。要想水不往下流是不可能的，但我們可以引導水往某個方向流，這就是順著水的趨勢推和輔。這樣做既達到了人的目的，又符合事物的本性。

我們講人事的時候經常會講勢位，有什麼樣的位，就有什麼樣的勢。說話的內容相同，在不同的位置，說話的分量和作用是不一樣的，這就是勢。每個人都要謹言慎勢，明白自己的地位、身份。有的人振臂一呼，大家都會跟隨他；有的人喊破嗓子，卻沒人理睬。法家分三派─法、術、勢。我們常把術看作是陰謀詭計。其實，術是靈活的，是有很多正面東西的。老子就有很多術。適時變通來做事，這是傳統文化中權術的本義。現在權術常作貶義詞，其實權術的本義是正面的，也就是懂得變化，不僅要守住常，而且還懂得變。常就是經，變就是權。「常」即永恆不變的原則；「權」是在不違背原則的前提下，根據環境條件採取的變通措施。在法、術、勢裡，術簡單地講，就是方法。人要做成一件事情，第一要心術正，第二要方法對。只是心術正，方法不對沒用；僅方法對，心術不正也不行，一定要把心術與方法結合起來。

自利與利他

　　在《荀子》一書中，記載著這樣一個故事：有一天，孔子在一間屋子裡坐著。一會兒，他的弟子子路進來了。孔子就問他：「智者應該是怎樣的？仁者應該是怎樣的？」智和仁是儒家聖人必須具備的兩種品德，所以孔子才問子路：「知者若何？仁者若何？」子路回答：「知者使人知己，仁者使人愛己。」孔子評價道：「可謂士矣。」意思是，可以稱作士了，也就是讀過書、懂得道理的人了。過了一會兒，子貢進來了。孔子又問同樣的問題。子貢回答：「知者知人，仁者愛人。」孔子說：「可謂士君子矣。」意思是，可以稱為士裡面的君子，比一般的士在道德建樹上又高了一層。子貢出去以後，顏淵進來了。孔子還以同樣的問題問顏淵。顏淵回

答：「知者自知，仁者自愛。」孔子給了他最高的評價：「可謂明君子矣。」（《荀子·子道》）意思是，在君子裡，是頭腦最清醒、看問題最透徹的人。

我覺得儒家講的仁就應該包括自愛、愛人和被人愛三個層次。從某個角度來講，只有自愛，才懂得怎樣去愛人。只有自愛，懂得愛別人，別人才會來愛你，自愛、愛人兩者並不矛盾。

自利、利他之間其實也並不衝突。利他是對的，但也不要跟自利對立起來，連自利都做不到怎麼去利他呢？孔子說：「夫仁者，己欲立而立人，己欲達而達人。」（《論語·雍也》）這句話不僅是理念上的要求，而且自己做到才是關鍵。自己應該明確要達到的人生目標，知道怎樣去 明別人。自己都無法自立，怎麼去幫助別人呢？過去常講幫助別人絲毫不愛自己才是大公無私，其實，大公無私的前提是自己能夠在社會上立足，懂得自愛，才能真正地去愛別人。我在講到開發情商的問題時說，每個人首先要懂得自愛，才能去愛別人，然後也能得到別人的愛。我也講過一個反例，明代有個人在他的筆記裡講到，古董商都是先自欺，再欺人，最後被人欺。古董商首先是自欺，他得到一個物件，是真的還是假的連自己還沒搞清楚就去騙人，最後的

結果就是被別人欺騙。很多人都認為儒家宣導的是「仁者愛人」，我覺得還不夠全面。「自愛愛人被人愛，自知知人被人知」更好，這三個環節是不可分割的。

作為個人，要從自愛、愛人做起，然後才能得到別人的愛。就像子路一樣還不知道自愛、愛人，首先就講仁是使人愛己，那就有問題了。鼓吹要去愛別人，唯獨不愛自己也不可取。公而忘私其實是一個抽象的道，如果連自己都保護不好，怎麼去保護別人呢？當然也不是說只保護好自己，就不去管別人了，那當然就是自私自利。我們應該全面理解自利、利他的問題。

傳統書院的精神

　　傳統書院的精神可以從各個方面來探討，但也有一些共性問題，這些問題不僅需要我們去認真探討，更需要我們在實踐中解決。

　　我覺得中國傳統書院的根本精神，就是教之以為人之道，為學之方，這是教育的根本理念和宗旨。在中國傳統文化中，非常重視教育。《禮記·學記》中明確指出：「建國君民，教學為先。」作為「立國之本」的教育並不是簡單地教授知識，而是教之以為人之道和為學之方。

　　中國傳統教育是將知識和德行教育結合在一起的。近年來，教育界提倡與世界接軌，實際上就開啟了一個誤區：在西方的教育傳統中，知識教育和道德教育一般是分頭進行的，學校是知識教育的場

所，教堂是道德教育的場所。在中國傳統文化中，知識教育和道德教育是集於一身的，書院充分地體現了這種理念。在知識教育和道德教育中，德育教育又是放在第一位的，為人之道是傳統書院教書育人的根本理念。即使是知識傳授，也不是灌輸書本、章句的知識，而是教會人們發現、掌握和運用知識的方法和能力，這就是為學之方。

朱熹在《大學章句序》中明確規定了教育中兩個階段的教學內容：八歲到十五歲小學階段的教育是「教之以灑掃、應對、進退之節，禮、樂、射、御、書、數之文」，這個階段的教育注重的主要是行為規範的養成；十五歲以後大學階段的教育，「教之以窮理、正心、修己、治人之道」，注重道德修養、尊師重道，這都是圍繞著為人之道展開的，從小學到大學都要培養人的道德品質。

朱熹還提出了六條讀書方法，這六條實際上也是書院的教學方法：循序漸進、熟讀精思、虛心涵泳、切己體察、著緊用力、居敬持志。這就是為學之方，從學習到實踐的過程朱熹都提到了。

首先，中國古代書院的理念和宗旨是圍繞怎樣做人、成為怎樣的人來展開的，這實際上也是現代教育經常討論的問題─我們究竟是要培養一個人還

是培養一個什麼樣的人呢？我是上個世紀五十年代進入北大的，當時進入北大看到的標語都是「歡迎你，未來的哲學家」……目標是成為一個「家」。還沒有成為一個真正的人，怎麼可能成為真正的「家」呢？教育的根本是培養一個真正的人。

我們經常會強調職業道德教育，但一個人連做人的道德都沒學會，怎麼可能會遵守職業道德呢？如果他能夠遵守做人的基本道德，他也會遵守職業道德，二者之間是本末的關係。「君子務本，本立而道生」，做人之道是根本，只有抓住「本」，「末」才能產生，用王弼的話講就是「舉本統末」，「舉本」才能「統末」。許多人都是本末顛倒，我們重視成為一個什麼「家」，而忽視如何成為一個真正的人，我們強調職業道德而不重視人的道德教育。

其次，書院也繼承了傳統的教育理念，即「有教無類，因材施教」，這兩個方面的配合非常重要。一方面，不管你的資質、身份如何，都是「有教無類」；另一方面，又要根據不同的資質進行不同的教育，充分發揮每個學生的特長，批量化、標準化、規範化扼殺了許多學子的才華。

再次，書院教育理念中根本的一點就是啟發式教育。什麼是啟發式教育？啟發即點撥之義。該

怎麼點撥呢？首先要培養學習的自覺性。孔子講：「不憤不啟，不悱不發。」充分調動學習的主動性是啟發式教育的關鍵，然後才有「引而不發，躍如也」。如果學生沒有學習意願，老師再啟發也沒有用。我原來對馬一浮先生有些不理解。當年，浙江大學請馬一浮先生當教授，他說：「我不去」，「禮聞來學，未聞往教」。那樣堅持幹什麼呢？雖然是「禮聞來學，未聞往教」，但人家來請你，你就可以去傳道，那樣做太古板了。後來想想，馬先生這樣做很有道理—你沒有來學的精神，我為什麼去教你呢？對方沒有學習的意願，我們主動送上門，那就是對牛彈琴。對牛彈琴不是牛的問題，而是彈琴者的問題，彈琴者不看物件就彈，對方根本沒有需要，你非要送上門去給人家。因此，學子一定要自覺主動地提出學習要求，老師才能給予針對性的教育。傳統的書院教育都是自覺自願的，古代常見學子背著糧食跑到深山老林來求學，主動性很強，做老師的就愛收這樣的學生，對這樣的學生才能進行啟發式的教學。有了自覺性、主動性，學生才可能舉一反三、融會貫通。

此外，書院堅持的另一個原則就是自學為主，相互切磋，教學相長，自由講學。書院是自學為

主，不是灌輸。同學、師生之間相互切磋，這樣就能夠教學相長。然後才能自由講學，大家可以發表自己的意見。這是書院非常好的傳統。書院的精神是：注重學術研究，深化學理探討。

最後，書院還有一個傳統，就是密切的師生關係，師生如父子，書院如家庭，這是非常有意義的一件事情。我們現在的師生，只是在課堂上才見面。有人說「師生如父子」是封建的東西。其實我覺得「師生如父子」—師父師父，學子學子，師就是父，學就是子—是不能簡單地否定的。我們過去也常講君父、臣子，父母官、子民，這都是通過父子關係構建一種親情，然後達到融洽的關係。可能很多人會反對師生如父子，書院如家庭。最近，我接受中央電視臺的一個專題採訪，其中有一個問題是中國歷史上是家國同構的，這是封建專制主義的特徵嗎？是的，中國古代確實是家國同構，古人常把國天下變成家天下，然後把家天下推擴到國天下。很多人認為這是傳統文化中的腐朽作風，近百年來，我們批判宗法血緣制度的核心也是直指家國同構，不能否認家國同構確實有問題。但是，這個問題也還有其他的維度，把地方官稱作「父母官」，把官員、百姓的關係納入「父母、子女關係」

中，就絕對的不好嗎？父母對子女永遠是無私奉獻、不計回報的。有這一層關係，恐怕比雇傭關係要好很多。所以，我們看任何問題都不能簡單化。當今教育非常需要師生如父子，書院如家庭的書院傳統。現在的教育變成了學生出錢買知識，教授收錢賣知識，那還有什麼意義呢？

傳統書院裡所有的老師同學同學習、同探討、同遊樂，現在還有多少地方能這樣做呢？我們希望書院能實踐這一傳統。我們都知道王陽明游南鎮的故事。什麼叫「游南鎮」？不就是老師、學生等一起郊遊嗎？大家在南鎮遊玩看到了花，一友人指著岩中花樹問：「天下無心外之物，如此花樹，在深山中自開自落，於我心亦何相關？」王陽明答道：「你未看此花時，此花與汝心同歸於寂；你來看此花時，則此花顏色一時明白起來，便知此花不在你的心外。」（《王文成公全書·傳習錄下》）在談話間回答了一個非常深奧的問題，這不是單純在課堂上能獲得的知識。我講過，學生要學會「偷學」，即隨時隨地都可以學，隨時隨地都要學。但現在教育的問題是，沒有一起隨時隨地同遊的機會，學生怎麼「偷學」呢？

讀書＝做人

「讀書與做人」這個題目中有兩個詞，一個是讀書，一個是做人，中間加了一個「與」字。我想，最好把這個「與」字改成一個等號，即：讀書＝做人，做人＝讀書。

清初學者陸隴其說過，讀書做人不是兩件事。將所讀之書，句句落實到自己身上，便是做人之法，如此方叫得能讀書。如果不落實到自己身上去領會書中的道理，則讀書自讀書，做人自做人，只算作不能讀書的人。我認為，一定要讓讀書與做人變成一回事，不要把它看作兩件事。

清代學者朱用純在《勸言》中也曾說過：

讀書須先論其人，次論其法。所謂法者，不但

記其章句，而當求其義理。所謂人者，不但中舉
人進士要讀書，做好人尤要讀書。中舉人進士之
讀書，未嘗不求義理，而其重究竟只在章句。做
好人之讀書，未嘗不解章句，而其重究竟只在義
理。……先儒謂今人不會讀書，如讀《論語》，未
讀時是此等人，讀了後只是此等人，便是不曾讀。
此教人讀書識義理之道也。要知聖賢之書，不是為
後世中舉人進士而設，是教千萬世做好人，直至於
大聖大賢。所以讀一句書，便要反之於身，我能如
是否。做一件事，便要合之于書，古人是如何，此
才是讀書。若只浮浮泛泛，胸中記得幾句古書，
出口說得幾句雅話，未足為佳也。（《訓俗遺規·勸
言》）

　　這段話的大意是講，讀書時先要講這個人，而
不是先講讀書的方法，讀書也不僅僅是讀它的章
句。不但求取功名需要讀書，做一個好人也需要讀
書。為求取功名而讀書，不見得不去探索文章內在
的思想，但是它的重心也只是停留在文章的章句
上。為了提高自身修養而讀書的人，不見得不重視
文章的章句，只是更看重文章內在的思想。聯繫到
現實生活，很多人能把《三字經》《弟子規》等經典

記得滾瓜爛熟，甚至可以倒背如流，但這卻不是讀書的方法。很多人從小學開始就背標準答案。這樣的讀書方式與古代為中舉人進士而讀書無異，其重心只不過停留在章句上。

讀書的第一個目的是通曉人道，明白事理。通曉人道，即要懂得怎樣做人。《淮南子》一書中有這樣一段話：「遍知萬物而不知人道，不可謂智；遍愛群生而不愛人類，不可謂仁。」當今社會的狀況跟古代相似，很多人知識很豐富，知曉群生萬物的道理，就是不懂得怎樣做人，我們不能說這樣的人有智慧；很多人愛萬物群生，卻唯獨不愛惜人類自己，那麼就不能說這樣的人具有仁這種德行。

在中國傳統文化中，觀察、思考問題都是從人入手的。以人為本的人文精神的根本特點就是看一切問題都和人聯繫在一起，都要思考它對人有何教益。

讀書的第二個目的是變化氣質，完善人格。我們不是只懂得道理就可以了，就像陸隴其所說的，要學一句就對照一下自己，並督促自己按照正確方法去做。在沒學習之前，我們不明白事理，不通曉人道，這沒有關係。在學習之後，我們就要根據所明白的事理，所通曉的人道去改變自己。學和行、

知和行一定要結合起來，只學而不行是毫無意義的。

讓孩子學習《弟子規》是一個很好的現象，《弟子規》中講的都是我們日常生活中應該遵循的言行舉止規範。《弟子規》不僅是對弟子講的，每個人也都要按照書中所講的道理去做，之所以叫作「弟子規」，是因為我們要從少年兒童時期開始就養成好習慣。我們學習《弟子規》，同樣也要身體力行，日積月累，人的氣質會發生變化，人格會不斷地完善。

中國傳統文化重視「為己之學」。在《論語》一書中，孔子說：「古之學者為己，今之學者為人。」從字面意義上來看，今人似乎要比古人好，古人學習是在為自己打算，今人學習是在為別人打算。其實，不斷地完善自己，提升自己的學問才是為己之學，它不是為了炫耀給別人看。對孔子的話，荀子有一個發揮：「君子之學也，入乎耳，著乎心，布乎四體，形乎動靜，端而言，蠕而動，一可以為法則。小人之學也，入乎耳，出乎口。口耳之間，則四寸耳，曷足以美七尺之軀哉！」（《荀子·勸學》）君子之學從耳朵裡聽進去，要把它留在心裡，然後還要把它體現到行動中去，他的一言一行，都可以成為人們的榜樣。反過來，小人之學，是入乎耳，

出乎口，只在口耳之間……這樣的學問怎麼能夠使七尺之軀完美呢？因此，荀子接著講，「古之學者為己，今之學者為人。君子之學也，以美其身；小人之學也，以為禽犢」。這也就是說君子之學是為了完善自己，提升自己的學問；而小人之學是將學問當作禮物來取悅別人的，從耳朵裡聽進去，嘴裡就說出來了，只不過絲毫沒有提升自己。

荀子曾經說過，堯舜、桀紂生來是沒有什麼差別的，為什麼堯舜會變成聖人，而桀紂會變成惡人呢？這主要是受後天的教育和周圍環境的影響。我們先不討論人性是孟子主張的「性善論」，還是像荀子說的「人之初，性本惡」。從另一個角度來講，他們都承認人是可以改變的，變好的成為聖賢，變壞的成為惡人。《論語》中說：「性相近也，習相遠也。」意思是人們先天的性格是相似的，只是由於後天的成長、學習環境不一樣，性情才有了很大的差別。當然，這也是相對而言的，不見得不讀書的人就不會成為好人，也不見得滿腹經綸的人不能成為壞人。

讀書還有第三個目的：拓展知識，學習技能。這三個目的是有先後順序的。通曉人道，明白事理是第一位的，然後再去改變氣質，完善人格，最後

通過實踐去拓展我們的知識和技能。就像孔子講的：「弟子入則孝，出則悌，謹而信，泛愛眾，而親仁。行有餘力，則以學文。」（《論語・學而》）我們首先要「志於道」，學習做人的道理，連人都做不好，事情怎麼能做好呢？其實，一個人不管做什麼事，都要看他（她）有沒有胸懷、志向。我們做任何事決不能僅僅為了個人享樂。反之，我們要胸懷大志，為國為民，志存高遠，行在腳下。我們也不能只有高遠的志向，誇誇其談，而不去行動。

我們應該讀什麼樣的書呢？中國有句老話，叫作「開卷有益」，意思是讀什麼書都是可以的。但是，我們最好還是要有所選擇，因為我們會被書中負面的內容所干擾。書籍是五花八門、琳琅滿目的，可讀之書非常多，中國傳統文化典籍可分為甲、乙、丙、丁四類，或者叫經、史、子、集四類。

經書可以說是具有長久生命力的經典。所謂「經者，常也」，它是講貫穿古今、萬物，認識天道、地道、人道最根本的道理，這就是經。

先秦時就提出了「六經」的概念，即《詩》《書》《禮》《易》《樂》《春秋》。經書後來又有所擴展，增加了《論語》《孟子》《孝經》《爾雅》。除了《儀禮》這部經典之外，又添加了解釋禮的書《禮

記》。《春秋》的記事過於簡略，後來出現了解釋《春秋》的《左傳》《梁傳》《公羊傳》。

通過讀經書，我們就可以明天理，曉人道，知道應該怎樣做人、做事，我們的言行舉止應該遵守什麼樣的規矩。

許多人不願意聽「規矩」這個詞，覺得規矩就是要把自己束縛起來。但是，「沒有規矩不成方圓」，人的行為也是如此。大家也許都很喜歡孔子的話：「七十而從心所欲」。但是，我們不要忘了後面還有三個字：「不逾矩。」孔子講的是在規矩之內的隨心所欲，一旦超出了規矩的範圍，就要受到制裁了。

禮教告訴人們應該遵守的言行舉止方面的規矩，其根本目的就是讓我們認識到自己是一個什麼身份的人，這樣身份的人應該遵守什麼樣的規矩。很多人可能一聽到這些就會頭疼，覺得它是封建禮教的腐朽思想。我常講，人如果想活得自由就必須要遵守規矩，如果所做的事情不符合身份，那就會四面碰壁。

通過深入的思考，就會發現我們對很多問題有偏見。一提到禮教，就會認為禮教是吃人的。「禮」的本義是什麼？從某種意義上來講，禮是一種自然

法、習慣法，而不是人為的強制法，自然法是我們在生活中養成的習慣，是自覺自願去做的。如果每個社會成員都能夠盡倫盡職，這個社會一定是和諧的。盡倫盡職就是要求：在什麼位置上，就應該盡這個位置上的職。可是在現實中，我們往往不能夠這樣去做。許多人認為，這樣做是一種束縛，讓自己的個性得不到發揮。

現在之所以會出現諸如「子女是否應該常回家看望父母」等一系列話題，是因為子女不關心父母。我非常贊同子女應該常回家看望父母。有些人提出：「是否需要把這一條也列入到法律條文中？」我認為，這樣做未免太丟中國人的臉了。中國是一個禮儀之邦，人與人之間自然存在著敬和愛，父母愛子女，子女敬父母，這是一種自然而然的習慣，不需要用法律來強制。如果連自然法都不去遵守，我們還能稱得上是中國人嗎？

史，即歷史，是明古今之變的。司馬遷講天下的學問無非兩大類，「究天人之際，通古今之變」。「究天人之際」，是探究人跟天地萬物之間的關係；「通古今之變」，就是來瞭解人類社會的人事變動、朝代更替的經驗教訓。史學具有非常重要的作用，中國文化中有兩個重要的傳統：一個是「以史為

鑒」；另一個是「以天為則」。唐太宗講：「以銅為鑒，可正衣冠；以古為鑒，可知興替。」古人強調「觀今宜鑒古」，要看出今天的問題，要拿歷史當一面鏡子照一下。

歷史承載著文化，不知道自己國家的歷史，也就不懂得自己的文化。一個不懂得自己國家民族文化的人，讓他（她）來熱愛自己的國家，對本國的傳統文化有信心，這怎麼可能呢？因此，清代學者龔自珍就講了一句非常深刻的話：「欲知大道，必先為史。滅人之國，必先去其史。」

很多人不尊重我們的祖先，不瞭解中華的傳統文化。他們認為，社會是不斷進化的，現代人進化得一定比祖先強大，這是一種直線性的進化論。歷史不是直線進步的，是有進也有退。近代思想家章太炎提出「俱分進化論」理論，他認為，進化不是單向的，人們的道德觀念是善惡同時發展的。古人也早就說過，「道高一尺，魔高一丈」，有時惡比善進化得還快。一定要記住，無古不成今。沒有古哪來今呢？

如果有無古不成今，觀今宜鑒古的理念，就不至於把傳統文化徹底地拋掉。今天的很多問題，究其原因都在於歷史的斷裂。很多人不知道中國傳統

文化中哪些是需要改造的，哪些是需要堅持的。我認為，只有堅持中國文化的人文特質，才能夠讓我們的文化成為世界性的文化。如果放棄了我們文化的這種特質，去跟著其他國家的科學特質走，中華文化的優勢永遠無法形成。

子書就是各種不同的學派對天道、地道、人道的認識。我們的世界本來就是豐富多彩的，人們會從不同的角度去觀察、思考，也會有不同的解釋，這就是我們常常講的文化的多樣性、多元性。《孟子》裡有一句話：「物之不齊，物之情也。」習近平主席講到文化多元性時曾引用過這句話。通過學習諸子百家對事物的不同看法，可以增長我們的智慧。

集部就更複雜多樣了。集部裡又分總集、別集、專集。讀集部的書，可以長見識、養情性。文學、藝術作品等都歸在集部中。集部的書，讓我們從各個方面去體悟人生，可以讓我們成為一個有藝術生活的人。我希望每個人多一點業餘愛好，在藝術的人生裡去發掘、學習人生的藝術。乾巴巴的人生是總結不出人生的藝術的。

中國的傳統文化中整體性的道理「古今一也，萬物一也」，似乎沒有太大變化，其實它充滿了變化。我們要用智慧把這個「一也」打破，把它運用

到萬事萬物中，這才是真正的創造。很多事情不能照搬，只能借鑒，推廣典型，所謂的標準化，都是不可取的。典型永遠都會有局限性，不一定適用於其他地方，而標準化其實泯滅了人的個性，因為教育不只是背標準答案。我們要培養學生的個性，讓學生在懂得做人做事的道理的同時，知曉天道人道變化的根本規律。讀書要讀出智慧來，不要讀成知識的奴隸。

怎樣讀書呢？從根本上講，讀書就是要「得其意」，能夠舉一反三。《增廣賢文》中有一句話「好書不厭百回讀。」好的書我們讀一百遍都不會厭倦。我在「好書不厭百回讀」後面接了一句「精意勤求十載功」，我們求得「精意」，恐怕要花十年的工夫。現在讀書或者做學問時，常常是把簡單的問題複雜化，化簡為繁常被看作是有學問的體現。其實，大道至簡，真理平凡。例如，很多人學佛，就經常問怎麼個學法，總覺得學佛好像很深奧，修行很神秘。我認為，修行就是把該做的事情做好。很多人喜歡到廟裡打禪七，七天下來心裡似乎安靜許多。事實上，修行的真諦是平靜地對待每天都要碰到的事情，做好自己的本分。每天都能做好日常的事情比去做一些玄妙的事情要難得多。

　　讀書的次第是什麼？我覺得就是《中庸》中所說的：博學、審問、慎思、明辨、篤行。

　　什麼叫「博學」？黃侃先生講過一句話：「所謂博學者，謂明白事理多，非記事多也。」博學是因為明白很多事理，而不是記住了很多事情。明白事理是一種智慧，中國的傳統文化是一種學智慧的文化，而不是單純的學知識的文化。知識是靜止的，智慧是變動的，智慧是一種發現、掌握、運用知識的能力。

　　審問就是要多問為什麼，要不恥下問。子曰：「三人行，必有我師焉。」（《論語・述而》）我們身邊永遠都有值得學習的人和事，不要以自己的長處去比別人的短處，那就沒有學習的必要了，我們應該時刻看到自己的不足。

　　慎思，即認真的思考。孔子說：「君子有九思：視思明，聽思聰，色思溫，貌思恭，言思忠，事思敬，疑思問，忿思難，見得思義。」（《論語・季氏》）我們碰到事情就要思考，讀書更要思考。慎思然後就要明辨，分辨是非、疑惑，知道哪些事情該做，哪些事情不該做等等。

　　篤行，即身體力行。荀子講：「知之不若行之，學至於行而止矣。」（《荀子・儒效》）明白不如做

到，學到並做到，才算達到了讀書的最高境界。

智、仁、勇這三種品德是每個人都應該具備的，《中庸》裡講：「好學近乎知，力行近乎仁，知恥近乎勇。」老子說：「知人者智，自知者明。勝人者有力，自勝者強。」人最難的就是做到「自知」，人貴有自知之明，人更貴有自勝之強，能夠戰勝自己的人才是強者。很多人認為，戰勝別人的人才是強者，而在中國的傳統文化中講的是戰勝自己的人才是強者。天下沒有兩片完全相同的樹葉，人也一樣，人的智力、體能等各方面都存在差異，充分發揮自己的能力、特長才是真正的成功。

一個社會永遠是有善惡、美醜的，我們不能太理想主義。人的身體、社會現象的平衡不是簡單的百分之五十和百分之五十的比例，也許有的是要這個百分之七十，那個百分之三十才是平衡，很多事情都不能一概而論。和諧、平衡不是我遷就你，你遷就我，而是你尊重我，我尊重你，保持各自的差異和特點，不需要改變我的看法來附和你，也不需要改變你的看法來附和我，這才叫和諧、平衡。

傳統文化的重要部分：佛學的幾個理念

因果關係

佛教和科學矛盾嗎？我想是不矛盾的，應該是可以放在一起來討論的。一提到佛教，很多人就會脫口而出：佛教是迷信。人們常常會把佛教裡的因果業報看成是迷信的。其實，探究因果的關係恰恰是科學的方向。科學都是從我們所看到的現象出發（其實這個現象就是個結果），然後去探究這個現象形成的原因。因此，我覺得佛教講的因果與科學探究是一致的。只不過科學主要是面對物質世界，佛學則更多地面對社會和人的精神世界。

　　很多時候，我們一方面把因果關係看得太直接了，另一方面又把它當成個人層面的東西。其實因果關係是很複雜的，我們不能夠簡單地來看待它。它有很多條件，只有具備條件了，那因才能轉化成果。條件裡邊有主要的條件、有次要的條件、有必需的條件、有不是必需的條件等。有的立刻見效了，就轉化了；有的要經歷曲折，比如說清代的和珅，大家都知道他在乾隆朝是很風光的。可是當乾隆死了以後，到了嘉慶帝時，他被抄家了。我們通常講這樣一句話：善有善報，惡有惡報。不是不報，時候未到。時候一到，一切皆報。從長遠的角度來講，總有一天它會報，也可能報在自己身上，也可能報在子孫身上，也可能報在整個社會的各個方面。

　　我們還應看到，在因果關係中，從一個角度講是種的善因，從另外一個角度講可能就是種的惡因。比如說一個學生要上個什麼大學，一下子上不去，你想個辦法給他上了這個大學。你覺得做了一件好事吧，在他看來一時可能也覺得是件好事。可是慢慢想來他會覺得自己是靠關係進來的，這就傷害了他的自尊心。因此，從主觀來講，我們一般是以善去對待一切的，只問耕耘不問收穫。可是從

客觀來講，我們不能只問耕耘，也要看到我們是真正幫助還是傷害了這個學生。生活中的無心之過也是很多的，既然是無心，我想就應該得到原諒。當然，該承擔的責任有時候還需要承擔，但是不應該從動因上去否定一個人。

慈與悲

我們經常講，慈是給人以快樂，悲是去除人們的痛苦，慈悲合在一起就是去苦予樂。慈悲是佛教的利他、奉獻精神的體現。

對慈悲的理念要有正確理解，通過佈施來做慈善，佈施就不僅僅是一個錢財上的，有財佈施，還有法佈施。我們一切的行動都可以去做利他的事情，比如說一個人有些問題想不開你幫他去分析分析，把他的心結打開了，這也是一種慈悲精神，是語言佈施。我們看到一個老人行動困難，去扶一扶老人也是一種佈施，是行為佈施。因此，佈施的途徑是很多的。有時候，你給一個人一百萬不如給他一句鼓勵的話，可能一句鼓勵的話讓他終生受用，你給他一百萬的話，說不定過幾天錢就花光了，還有可能會害了他。慈善的理念是要一個人能夠自立。生活中經常會看到乞丐，要幫助他（她）的

話，還是要幫助他（她）自立才對。如果這個乞丐無法自立，一直滿足於要飯的狀態，佈施就不應該繼續下去了。

有時去幫助一個壞人也是我們應該做的事情，至於他（她）能不能夠變成好人，那是另外的事情。地藏菩薩的精神是地獄不空，誓不成佛。有壞人存在，不去度他（她），那地藏也永遠成不了佛。這可比度一個善人要難得多，甚至於有可能要犧牲自己的所有，才能夠感動那個壞人。佛教很重視教化，佛教通過教化是希望人們都能夠向善，可以去改變一部分人。但是，不是說所有的人都能夠改變。任何一個壞人，我們都不能夠放棄，這是一個問題，是不是所有的壞人都能夠變成好人，那又是另外一個問題，而且恐怕不可能有這樣的社會，所有人都變成好人，一個壞人都沒有，這兩個問題不能夠混為一談。

要讓一個壞人放下屠刀不是那麼容易的，絕大部分的壞人是希望不放下屠刀而能成佛的。很多的貪官去燒頭香，就希望他能夠繼續貪，還能夠馬上就收到福報。真正地放下是需要洗心革面的。很多人表面上放下了屠刀，也還是成不了佛的，因為他還沒有悟到放下屠刀需要徹底改變觀念這個根本

道理。

如何護生

我們應當尊重自然規律。生物、生命、眾生之間有一個相生相剋的關係。其實佛教提倡的是一種「護生」的概念，而這種保護也不是刻意地去保護，而是隨緣地保護。例如，路邊上有一隻鳥折斷了翅膀，我們把它撿起來，幫助它治療，讓它能夠回到森林裡面去，這樣做就很好。我覺得應該有一個隨緣護生的理念，而不是隨意地放生。

一些動物本應該在一個環境中生存，你卻把它放到另外一種環境中去。它失去了原來的生命環境中的約束後，就會反常、瘋狂地發展。大家也許看到過這樣一個新聞報導，這幾年，北京的奧林匹克公園慢慢沒有蛙鳴聲了，只有「牛鳴」聲了。這個「牛鳴」聲不是牛的叫聲，而是牛蛙的叫聲。由於人們放生，把大量的牛蛙放到了奧林匹克公園的湖裡。這些牛蛙失去了外界的約束後繁殖得特別快，排擠了原來湖裡的青蛙。

還有很多動物先被人們捕捉去，然後一些人花錢把它們買來，然後再去放，在一捕一捉的過程中有許多生命就結束了。一些人熱衷於放生，其動力

是什麼呢？許多人認為，放生可以增加福報，這是
把自我的利益放在第一位的。我也曾經呼籲過好多
年了，我覺得現在仍然需要反思這個問題。

轉識成智

　　佛教裡的「空」不是一個簡單的、不存在的概念，而是講各種事物都是因緣聚會而有的。有聚就有散，事物都不是永恆的，我們對任何事物都不要太執迷了。有這樣一個故事：一個人買了一雙很漂亮也很貴的鞋，買了鞋他就去坐火車旅行了。在火車上，他就忍不住打開鞋盒來看這雙鞋。誰知道不小心一隻鞋就從車窗掉了出去。火車也開得挺快的，他也不可能下去把它找回來，就剩下另外一隻鞋了，大家覺得可惜。可是他做了一件令人吃驚的事，他把另一隻鞋也丟了出去。他說，把另一隻鞋也丟到外面，如果一個人撿到說不定還有用，我留著一隻鞋也沒用。這個故事告訴我們，對任何事物都不要太執著、執迷，該放下時就得放下，該看破

的就得看破。我想那個把鞋子丟出窗外的人就很豁達，就能夠看破，因此他就不會有憂愁。

我覺得佛教裡還有一個很重要的智慧，即超越感官識別給我們帶來的迷惘，這在佛教裡稱之為「轉識成智」。「識」是指感官的認識功能，眼、耳、鼻、舌、身、意六大感覺器官都有認識外在世界的功能，我們稱之為「六識」。恰恰是這些功能、這些感官給我們帶來了無窮的煩惱。為什麼呢？我們一看，這個是美女，那個是醜女，就起了分別心。有分別了，就要去追求美女，要拋棄醜女。這樣問題就來了，有了分別心，就有一種執著的追求，然後得到了就高興，得不到就痛苦，種種煩惱都源於此。一切名相皆分別相，佛教讓我們超越「識」、分別，消除分別心、執著心，這就是智慧。「轉識成智」是佛教追尋超越解脫的根本智慧。

菩薩是否存在呢？菩薩存在。菩薩是什麼呢？菩薩是覺悟了的有情眾生。什麼叫觀音菩薩？大悲菩薩，深具悲心。什麼叫彌勒佛？大慈菩薩，擁有慈心。什麼叫文殊菩薩？大智菩薩，充滿智慧。每位佛、菩薩都代表了一種佛法的精神。

我來提一個問題：「你存在嗎？」既然你存在，活菩薩也存在。為什麼呢？因為你就是活菩薩。大

乘佛教的根本精神是：我們不是去求佛、求菩薩，
而是要去做佛、做菩薩。你按照佛的理想、理念、
精神去做，你就是佛、菩薩。怎麼能說活菩薩不存
在呢？你如果不想做菩薩，那菩薩就沒有了。如果
下決心要學佛、菩薩，就要做一個佛、菩薩，那活
菩薩就實實在在地存在於我們的社會生活中。

附：禪宗的智慧

　　有很多人想瞭解佛教，特別是想瞭解禪宗，但對於禪宗大家又常常覺得把持不定，因為對於禪宗的許多公案大家都不知道在說什麼，也不知道禪宗怎樣來修證，怎樣才能了脫生死，怎樣才能明心見性。其實，這些問題都來自於將禪看成是和我們現實世界不一樣的、很神秘的、彼岸的一種境界。然而，禪並不是彼岸世界的東西，禪也不是一種高不可攀的境界，禪就在我們中間，禪並不是很神秘的東西，禪就是我們日常的生活、言論、行為、思想。

　　禪宗是非常注重現實的，或者用禪宗的話來講叫作「當下」。我們的生命要有意義，只能夠在當下體現出來，因此要活在當下。既然要活在當下，修也要修在當下，悟也要悟在當下。戒煙失敗的人總

想明天再不抽吧，明天抽完了，那就再等明天吧，這樣永遠沒有當下，也就永遠戒不了煙。因此，禪宗特別強調當下，人要活在當下，生命要體現在當下。

當下講究的就非常實際了，平凡無奇。很多人想問我：「該怎麼學禪？」我的回答就是：「你該做什麼做什麼。」對於那些想求某樣東西的人，當下的修煉是修而無修，也是悟而無悟的。只要能體會到其中的真味，就會知道原來禪就這麼簡單，禪不需要離開我們的當下，因為離開了當下，實際上就什麼也得不到。

慧能在《壇經》中講道：「菩提只向心覓，何勞向外求玄」；「佛法在世間，不離世間覺，離世覓菩提，恰如求兔角」。兔子哪來什麼角，這句話是說，離開當下是什麼都求不到的。

近代著名高僧太虛大師曾講過，「仰止唯佛陀」，我敬仰的是佛陀。「完成在人格」，完成就在自己的人品，「人圓佛即成」，每個人只要修養好就是佛了，「是名真現實」，這才是真正的現實。我們要體悟生命，就要從當下做起。做好本分之事實際上是為實現理想開闢了道路。很多人都喜歡遐想，但再好的理想不能從本分事做起的話，也是永遠實

現不了的。

在這裡我告訴大家，學禪就是要從你的本分事做起。有人問學禪有沒有一個次第、一個道路可循？有。就是這三句話，或叫作「禪學三要」、「修禪三次第」。

做本分事

第一句就是「做本分事」，做好你現在應做的事。河北趙縣柏林寺是唐代趙州禪師的道場。做本分事就是趙州和尚在接引學人時講的一句話。他的弟子不明白什麼叫「做本分事」，他就解釋道：「樹搖鳥散，魚驚水渾。」樹一搖動，鳥就飛散了，水裡的魚一驚動，水就渾了，這是很普通的事情。

學禪也是很普通的事情，你現在在幹什麼，那你就繼續幹什麼。有人聽了不解，會問：「既然你已經這樣了，那你要修什麼呢？」但這正是佛教所講的「無修之修」，它其實比你通過學習一種方法去修更難。因為就一般人來講，大多是不太安於現狀的，總是手裡做著一件事，心裡想著另一件事，而且總覺得手裡做的這件事是委屈了自己，而心裡想的那件事才是真正適合做的事。所以說能夠做好你手裡的本分事不是很簡單的事，而禪正是要在此

處考驗你、鍛煉你。

怎樣才能使自己成為一個有修養的人呢？脫離你現在所做的事，要成為一個有修養的人，只能是一個空想。禪不是一個空想，它是很具體的，就在你的面前，就在你的腳下。如果能真正做到這第一步，也就有了一個很好的開始了，你也就開始認識到禪的真諦了。

禪不是要讓我們離開現實世界去幻想一個境界，而是在現實生活中體認自我。經常會有人問：「你有什麼辦法幫我消除煩惱，幫我解掉綁在我身上的種種繩索？」

很多禪宗大師在回答此類問題時，就會反問：「誰綁住你了？」沒有人綁住你，是你綁住自己的，我們有句話叫「自尋煩惱」。你有了分別心，討厭現實生活的環境，討厭背負那麼多的包袱，就想跳出現實生活環境去找一個清淨的地方躲起來，可是有這樣一個清淨的地方嗎？沒有！

看起來是跳出這個環境了，可實際上是放下這個包袱又去背上另一個包袱，逃出這個牢籠又去鑽進另一個牢籠。禪宗強調當下就覺悟到你的本性、本心是沒有煩惱的，只是你把煩惱加在自己身上。因此，禪宗的第一個宗旨就是「自心本來清淨，原

無煩惱」。要離開現實的世界去尋找一個清淨的世界，本身就是一個煩惱，因為根本找不到。我們要從當下的本分事做起，這是第一步。

持平常心

第二句話是「持平常心」。這句話和「做本分事」是相通的，但是又提高了一些要求。因為雖然你做好了本分事，但你是否還能做到對你所做的事沒有什麼計較呢？你是否在意別人對你所做的事提出讚揚或批評，是否會因為別人說風涼話心裡就不高興，別人說了好話心裡就很舒服呢？

做好本分事不等於就保持了平常心。平常心就是該做什麼做什麼，不動心，不起念。

禪宗公案裡有這樣一個故事，有人問禪師：「你平時修煉不修煉？」他說：「當然修煉了。」那人又問：「你怎麼修煉？」他說：「我是饑來吃飯，困來睡覺。」那人就納悶地說：「你這也叫修煉嗎？」他說：「當然是修煉了。」有多少人是吃飯的時候不好好吃，百般地思慮啊，睡覺的時候不好好睡，千般地計較啊。吃飯睡覺本來很普通的事，可是很多人就是要想東想西，吃到好的／想到好事心裡就高興，吃到差的／想到壞事心裡就埋怨。

　　對於這些事能不能不計較任何的好壞呢？用佛教的話講就是能不能做到「八風吹不動」。哪「八風」呢？利、衰、毀、譽、譏、稱、苦、樂。「利」就是順利，「衰」就是衰落，「毀」、「譏」就是詆謗你、譏諷你，「譽」、「稱」就是讚揚你、吹捧你。做任何事情，在這八種情況下都能不動心，那是需要很高的修養的。有時儘管嘴上會說「這些事我都看穿了，根本就不在乎。」可是當別人說你幾句風涼話的時候，你可能心裡就不太好受。別人要是吹捧你幾句，你雖然表面上說「哪裡哪裡。」可是心裡面可能在暗暗自喜。這也是人之常情，要能克服這一點，必須禪修達到相當高的境界才行。

　　我常常講一個故事，宋代著名文學家蘇東坡對禪學有很深的造詣，他跟佛印禪師關係很好，平時經常來往，他們一個住在江南，一個住在江北。有一次，蘇東坡坐船過江去看望佛印，恰好碰到佛印不在寺廟裡，他就一個人在寺廟裡轉悠，看到大雄寶殿裡的佛像十分莊嚴，他就寫了一首詩：「稽首天中天，毫光照大千。八風吹不動，端坐紫金蓮。」他寫完自己覺得很得意，就交給小和尚，並說「等你師父回來，交給他看。」然後，蘇東坡就走了。

　　佛印回來看到這首詩，就提起筆來在上面題了

兩個字：「放屁！」就讓這個小和尚給蘇東坡送回去了。

蘇東坡一看很納悶，心想：「我寫這麼好的詩，居然給我的評價就是『放屁』兩個字。」蘇東坡馬上就坐船去找佛印禪師，要跟他辯理。見了佛印禪師，佛印就跟他說：「你不是『八風吹不動』嗎？我這麼一屁怎麼就把你打得過江來了呢？」

蘇東坡的佛學修養是相當高的，對佛學的義理理解得也相當透徹，可是碰到這樣具體的事，他就不能用平常心去對待了。大乘佛教講「六度」，即從此岸世界渡到彼岸世界的六種修煉方法：佈施、持戒、忍辱、精進、禪定、智慧。

我們常常將忍辱理解成忍受屈辱，比如別人打你、罵你都能忍住，或者甚至像基督教裡講的那樣，別人打你左臉，你要把右臉也送上去。其實，佛教裡講的「忍辱」不只是忍受屈辱，還要能忍住人家的吹捧。「八風」裡不僅有毀、譏，還有稱、譽，對於別人的毀、譏，你可能忍住了，對於別人的稱、譽，你能不能也不為所動呢？要保持「平常心」是相當困難的。

成自在人

第三句話就是「成自在人」。所謂「自在」，就是自由自在。我們沒有任何煩惱的束縛了，那不就是自由自在了嗎？做「自在人」是佛教追求的最高境界，佛教裡描寫的佛、菩薩追求的就是一種大自在的境界。《心經》的第一句就是：「觀自在菩薩，行深般若波羅蜜多時，照見五蘊皆空，度一切苦厄。」

怎樣才能成自在人呢？什麼是大自在境界？禪宗裡也有描寫，就是「終日吃飯未曾咬著一粒米，終日行路未曾踏著一片地」。這句話一般不太好理解，而佛教通過這句話要告訴大家的是，不要被外在的相狀所牽動，你雖然整天在吃飯、走路，但不會被米、路這些外境所干擾，而你也始終沒有離開這個外境。

修禪並不是要你躲到什麼深山老林裡去，什麼東西都見不著，好像這樣就不會被外境干擾了。其實就算到了深山老林裡面，要是你的心不淨的話，種種妄想念頭可能比你在熱鬧的地方更多。禪宗講，心淨了，佛土才能淨；心不淨，到哪都躲不掉。在這個花花世界裡，如果你能做到對境不起

心、不起念、不著相，那你就自在了。

我給大家講了上述三個步驟，即做本分事、持平常心、成自在人。有些人聽了我這三句話，覺得很有意思，就問能不能再對上三句，讓它成為一個對聯呢？我想了想，覺得對上這三句話比較好，今天也奉獻給大家：行慈悲願、啟般若慧、證菩提道。這三句話應該算是大乘佛教最根本的精神。

行慈悲願

大乘佛教從哪裡入手來教化眾生呢？就是從慈悲入手。慈悲就是與樂拔苦，對眾生要行慈悲，而對你來講，這也是一個修證的過程。慈悲就是你的本分事。

啟般若慧

第二句話「啟般若慧」，「啟」就是開啟，而「般若」本身就是智慧的意思，那麼為什麼不直接把它翻譯成智慧呢？因為它跟一般的智慧不是一個層次的東西，我們平時講的智慧就是指一個人很聰明，或者這個人對事物能夠分辨得很清楚。人類的認識就是從分辨開始的，我們講一個東西是方的，這是相對於圓的、三角形的來說的，可是正是這種

思維方式讓我們產生了分別心、執著心。

在佛教看來，最基本的分別就是我和他人的分別，即「我執」，一切的煩惱歸根結底都來源於「我執」，將我和他人對立起來就會產生種種煩惱。要怎樣才能破除這種分別與執著呢？那就是要用一種般若的智慧。

所謂般若的智慧就是要消除這種分別，它是一種平等的智慧，用《金剛經》裡的話講，就是「是法平等，無有高下」。（《金剛經·淨心行善分第二十三》）所謂平等、無分別，就是認識到一切事物是本來清淨的，本來皆空的。

為什麼說一切事物本來皆空呢？因為現象世界的事物都是因緣而生，沒有獨立的自性，因緣聚會，才有生命體。所謂生命體都是由「五蘊」聚合而成的，即色、受、想、行、識。所以佛教講「因緣所生法，我說即是空」。沒有獨立的自性被稱作「無我」，因緣一旦散了，事物也就不存在了。

現象世界的事物是沒有恆常性的，是剎那生滅的，這被稱作「無常」。一切生命體都有生、老、病、死的過程，一切非生命體也有成、住、異、滅的過程，因此，佛教才講「諸行無常，諸法無我」。

般若的智慧要我們看到「諸行無常，諸法無

我」，「一切有為法，如夢幻泡影，如露亦如電，應作如是觀。」(《金剛經·應化非真分第三十二》)認識到這一點你就不會產生種種顛倒妄想，也不會再執著。只有這樣，你才會擁有平常心，不會去計較得失。佛教就是要用般若的智慧去消除分別心、執著心，以及由此產生的貪、嗔、癡「三毒」。

貪就是貪得無厭，嗔就是惱怒，癡就是不明事理。人們的一切煩惱就來源於這「三毒」。也許有人會問佛教講消除「執著心」、破除「我執」，這與追求人生的目標有沒有矛盾呢？我想這是兩個問題，一個人怎麼可能沒有追求呢？佛教並不是不讓你有人生目標，而是要你找到適合自己的人生目標。

人最難的就是認識自我，把自己放在一個恰當的位置。如果你沒有把自己放在一個恰當的位置上，追求這個追求那個，那很可能就會出問題。可是一旦你把自己放在恰當的位置上，在這個位置上做到最好，就能真正回歸自我，獲得自由，這並不是執著。我們不要把兩種執著混淆了，做事情要有一種執著心，這是佛教所宣導的「精進」，它不同於那個要破除的「我執」。

證菩提道

　　第三句話是「證菩提道」。據《法華經》，佛是為了一個大因緣來到這個世間的，這個因緣就是開佛知見、示佛知見、悟佛知見、入佛知見。

　　佛知見就是般若的智慧。那麼佛教追求的是什麼呢？佛教追求的就是「證菩提道」。菩提就是覺悟。般若的智慧就是讓你悟到自己的本來面貌。禪宗常問，父母未生你前，什麼是你的本來面貌？那就是什麼都沒有啊。佛教強調，覺悟人生，認識到自我，而不被現象世界的我牽著鼻子走。如果回歸到真正的自我，那你就是自由的，現在人最痛苦的事情就是自我的淪喪。

　　之所以會有煩惱，覺得不自由，是因為你還沒有認識到必然。如果你認識到必然，那麼你就有自由了。自由是對必然的認識和把握。我們現實生活中的法律、規則都是一種必然性的體現，是不能隨便違背的，違背了就要受到懲罰。你認識到必然性，按照必然性去做的話，那麼無論到哪裡都是自由的。

　　為什麼孔子講到了七十歲就可以「從心所欲，不逾矩」？因為七十年的人生經歷讓他能夠充分瞭

解人生的規則。當然也不一定要到七十歲，這要看個人的悟性。我在七十多歲時，還是達不到「從心所欲，不逾矩」，有些人不到七十歲就能覺悟。

前些日子，我看了一個電視節目。這個節目採訪的是大連一個叫「愛心之家」的社會機構，它是專門收養那些父母都是囚犯的「孤兒」的，其中就有一個十二歲的小女孩，她父母都在坐牢，她只能在外面流浪撿破爛。在流浪的過程中，遭受到種種歧視、侮辱、打罵。但是，她說，她在受到別人打罵的時候從來不還手、還口。主持人就問她：「為什麼不還手、還口呢？」她答道：「要是我去還口，他還在罵我，這不就吵起來了麼，那就等於我自己換了個嘴在罵我自己。要是我還手，他就會變本加厲地打，那就等於我自己換了一個手在打我自己。」

我們看到，這個女孩小小年紀就能悟到這一點，有這樣一份平常心，我覺得她的悟性就比我高。總的來說，我們要有一種覺悟，這樣才能回歸自由自在的我。

活在當下

至此，我就講完「做本分事、持平常心、成自

在人」、「行慈悲願、啟般若慧、證菩提道」，有人就會問：是不是還有個橫批？橫批就是四個字：「活在當下」。

佛教並不是脫離世間生活的，恰恰相反，它是要求從當下做起的。大乘佛教興起後，它對小乘佛教最大的批評就是「欣上厭下」。

「欣上厭下」中的「上」就是菩提、涅，「下」就是生死、煩惱。小乘佛教把「上」看得很重，拼命地追求，把「上」、「下」看成是對立的，但其實二者並不矛盾。佛教並不宣揚命定論，命運完全是由自己決定的，造這樣的業就會受這樣的報，天堂地獄只是一念之差。如果你覺得好像生活在地獄裡一樣，你完全可以改變自己的心念，心念一轉，人生也會改變。

因果理論是兩方面的，它並不是要你消極等待，命運掌握在自己手中，完全可以改變命運，這叫作「命由己定」。因此，佛教強調的是當下每個人要靠覺悟來解決自己的生死、煩惱問題。

傳統文化的實踐者：國醫

　　上個世紀三十年代，「國學」這個概念就存在了，使用「國學」一詞是為了區分洋學、西學。我們的武術稱為「國術」；我們的繪畫稱為「國畫」；我們的歷史稱為「國史」，錢穆先生有本書就叫《國史大綱》；我們的文字叫「國文」；我們的語言叫「國語」。當然，如何定義國學也存在分歧，有的偏重于文化，有的偏重於學術思想，有的偏重于瞭解傳統文化的基礎學科。著名的國學大家章太炎先生就強調國學就要以小學為主。他所說的小學裡包括最基礎的課程，除了文字、音韻、訓詁，還包括目錄、版本、校勘。大體來講，國學就是指本國的學問，寬泛一點沒有關係。

　　我非常贊同使用「國醫」這個概念。我曾多次

提出，如果有可能要把「中醫」改回「國醫」，因為國醫的界定很明確，就是區別於非國醫的醫學。而中醫這門具有深刻內涵的傳統的學問漸被淡化、被解構了。如果我們能夠把「中醫」內涵闡發出來，才能夠真正瞭解國醫的價值。

中醫的第一個含義：即上、中、下的「中」。歷史上就有這種說法，「上醫治國，中醫治人，下醫治病」。從這個意義上來講中醫是治人的，而不是治國、治病的。中醫把人看作一個整體，而不是僅僅看病的，如果僅僅看病、治病是下醫。同時，把握了醫道的精髓可以去治病、治人，也可以去治國。中醫的含義與今天大不相同，如今學了醫就只能去看病。宋代政治家、文學家范仲淹曾說過：「不為良相，便為良醫。」（《能改齋漫錄·記事》）良相是治國的，良醫是治人的，但治國、治人、治病的道理是相通的。所以宋代大文豪蘇東坡說：「物一理也，通其意則無適而不可。分科而醫，醫之衰也。」（《東坡題跋·跋君謨飛白》）只要把握道的根本精神，運用到什麼地方都是可以的。中醫的第一個含義，即中醫治人。

中醫的第二個含義是什麼呢？《漢書·藝文志》中有一句話：「有病不治，常得中醫。」有病不治，

才能得到中醫。據《黃帝內經》記載，「聖人不治已病治未病」。有病不治，就是說不治已病。因此，中醫不是治已病的，是治未病的。治未病，也就是讓每個人都能夠保持身心的健康。歷史上曾流傳這樣一個故事：魏文王問扁鵲：「你們兄弟三人，都精於醫術，到底哪一位最好呢？」扁鵲答：「我大哥醫術最好，二哥次之，我最差。」文王再問：「那麼為什麼你最出名呢？」扁鵲答道：「我大哥治病，是治未病的，所以他的名氣無法傳出去，只有我們家的人才知道。我二哥治將病的，大家以為他只能治小病，所以他的名氣只能在鄉里流傳。而我是治已病的，我治好了很多病危的人，大家自然以為我的醫術高明，因此只有我名聲大振。」所以中醫是「不治已病治未病」的，不要等到有病了再去治，最好還是不要生病。

中醫的第三個含義是什麼呢？清代學者錢大昭在注釋《漢書‧藝文志》時說：「時下吳人尚曰：『不服藥為中醫。』」他是說，到今天為止，吳地的人仍以不服藥為中醫。中醫不是以服藥為主的理念可能在清代相當盛行。曾國藩的兒子身體比較虛弱，在家書裡他告訴兒子：「治心病以『廣大』二字為藥。治身病要以『不藥』二字為藥。」俗話

說，「是藥三分毒」，能不用藥就不用，再好的醫生也可能在用藥過程中產生偏差，這會導致病情加重甚至死亡，良醫十個人裡面能夠治好八個人就不錯，庸醫十個人裡面有八九個會讓他給治死。因此，用藥要慎重，能不服藥就不用，這是清代的理念。

現在流行的自然療法流派有七項原則，其中一個原則，即能不動手術的儘量不動，能不吃藥的儘量不吃，要調動人體自身的修復能力。其實，在中醫裡早就有這樣的理念了。但凡事都不能絕對化，需要用藥時還是要用藥，但不能依賴藥物，藥只是起輔助作用的。這是傳統中醫的第三個含義。

最重要的是中醫的第四個含義，即中醫講究中正平和，這跟中國文化的生命觀是一致的。生命是怎麼來的呢？不是造物主或神創造出來的，生命是天地之氣達到和諧狀態而產生的。因此，每個生命都是天地之和氣而生的，這也是每一個事物的真性。

生命因和而生，那麼怎樣維持生命力呢？也是要靠和。國醫用「中」的概念來調整人體各種的不平衡、不中正、不平和。生命因中正和平而產生、延續是中醫最核心的價值觀、思維方式。怎樣來保持身體健康呢？《黃帝內經》一書幾乎已經告訴

我們全部的答案了：「上古之人，其知道者，法於陰陽，和於術數，食飲有節，起居有常，不妄作勞……」（《黃帝內經·素問·上古天真論》）我們不要違背春生夏長、秋收冬藏的自然規律，要順應自然。有一個電視節目要人們挑戰極限，抱著一個大冰塊，頭上還澆著冰水，挑戰這樣的極限有意義嗎？個別人有可能會做到，但是也一定傷害了身體，絕大部分人是不可能做到的。「和於術數」，即要選擇保養身心的好方法，要有正確的理念去指導養生。

在《抱樸子》中有一句話：「非長生難也，聞道難也。非聞道難也，行之難也。非行之難也，終之難也。」其大意是講，不是說養生很難，要懂得養生的道理很難。不是說聽到養生的道理很難，而是正確地實踐很難。要按照道理去做一做也不難，難的是能夠堅持到底。葛洪這幾句話值得我們思考，術數裡很重要的一點就是不能胡亂養生。

人是精神生命和肉體生命相結合的生命體，其中精神生命起引導作用，肉體生命是聽精神生命指揮的。飲食無節制會生病，藥才有三分毒，過飽九分毒。中國的傳統文化強調養生必先養心，或者說要心術正。「心之在體，君之位也。九竅之有職，

官之分也。」(《管子‧心術》)心居主導地位。中國
傳統觀念中,「心為思之官」,心也管思想。心為一
身之主,心管官。官,即各種感官—眼、耳、鼻、
舌、身。心管官,官管物,是正常的心術。可是,
在實際生活中,常常是官讓物管住了,心讓官管住
了,這樣心術就不正了。要理順兩者關係,才能讓
人不淪為物慾的奴隸。人肉體上、精神上的疾病,
很多是由於管不住自己,禁不住外物的引誘而產
生的。

　一提到神仙,我們就會想到神仙可以長生不
死。怎樣才能成為神仙呢?道家曾講過各種各樣修
身、養身的辦法,但我覺得《漢書‧藝文志》對神
仙的界定是最深刻的。《漢書》中養身、治病的方法
可分成為四大部分:第一部分是醫經,整體上說明
治病的道理;第二部分是經方,講怎樣保持身體健
康;第三部分是神仙,即怎樣修煉成神仙;第四部
分講房中術。據《漢書‧藝文志》卷三十:「神仙
者,所以保性命之真,而游求於其外者也。」身體
要健康就要保住真氣,人來到世界以後,真性就丟
失了,如何保持性命之真呢?《漢書‧藝文志》講
了三點,第一點是「聊以蕩意平心」。我們的心思經
常是混亂的,心意不平會引起疾病。蕩意平心,即

掃除種種胡思亂想。第二點是「同死生之域」。我們要認識到整個宇宙的規律，即有死必有生，我們要認識、看透它，不要貪生怕死。《呂氏春秋》一書講「勿以貴生而害生」，保養也要遵循「自然之道」。歐陽修給《無仙子刪正黃庭經》一書寫了個序，開頭講：「自古有道無仙，而後世之人知有道而不得其道，不知無仙而妄學仙，此我之所哀也。」意思是說天下哪有不死的仙呢？有生必有死，這就是養生之道、自然之道，「道者，自然之道也，生而必死，亦自然之理也」。他提出「以自然之道養自然之生。」他批評了那些老想著長生不死的道家，煉丹、服丹等都是為了抗拒自然之道。第三點是「無怵惕於胸中」。怵惕就是緊張、害怕，神經太緊張，整天提心吊膽對身體有害。我們一方面要坦坦蕩蕩，做正人君子；另一方面慾望要少，做個無私無慾的人。如果做到這三點就是神仙了。神仙不是服丹藥求得的，而是調整精神狀態，保持身心的平和。

國醫和國學是一體的，國醫是技術層面的內容，但技術層面離不開整個理論的指導。《漢書・藝文志・方技略》最後對方技這個概念有個總結：「方技者，皆生生之具。」值得注意的是，這裡已經提出了「生生」的概念。所謂「生生」，即維持生命

的方法。有生生之具，也有生生之理，二者結合在一起成為「生生」之學，生生之學是中國傳統文化核心內容之一。

中國傳統文化的基點在哪裡？我覺得中國傳統文化的基點是建立在珍重自然的基礎之上的。自然，即事物的本然狀態。中國人的思維方式是從直觀直覺入手的，中國文化注重思維方式的本然狀態。現在我們去中醫院看病，再也看不到傳統的診療理念了。中醫院跟西醫院一樣，也以儀器的檢測為主，很少有望聞問切了。

我一直認為，中醫是傳統文化的具體實踐者，通過實踐來看我們的思想，就會更生動了。中國傳統文化重視直觀直覺，我們不能用西方的理念來理解中醫，也不能以為只有用西方的理念來理解中醫才是正確的，用中國傳統的思維方法來構建中醫就是不科學的。很多人說，中醫不科學，中醫就是靠想像，並沒有以生理解剖學作為基礎。其實，中醫也有解剖學，只是做的不是生理解剖學，而是內觀解剖學。生理解剖學是在屍體上做的，當一個生命變成了屍體，其所有內在的聯繫都中斷了，看到的都是個別分離的臟器；而中醫強調生命體的五臟六腑之間的聯繫。

內觀解剖學可不是人人都能做的，一個心境很浮躁的人，不可能感觀到自己體內的活動，也不可能靜下心來去引導體內氣血的流轉。古人通過用直觀直覺的方法，把人體內的關係整理、描述出來，古人在活體上認識到的規律是不是比在屍體上得出的結論更科學呢？我覺得這一點值得思考。

如果我們不能夠認識到望聞問切是一套系統的理論體系，中醫的根本精神就沒有了，甚至可以說中醫就沒有靈魂了。

在博鰲論壇上，習主席發表演講時引用中國古代思想家孟子的話「夫物之不齊，物之情也」，並指出，不同文明沒有優劣之分，只有特色之別。《莊子》裡有一句話：「自其異者視之，肝膽楚越也。自其同者視之，萬物皆一也。」診病、治病也一定要因人、因地、因時而異，這就是中國人認識世界的方式。中國傳統文化是把同異結合得很好的文化。我曾經講過，中國文化強調自然合理，西方的近代文化則強調科學合理。所謂科學合理就是強調普遍性、規範化；而自然合理則重視差異性。

在技術層面，中國傳統文化中最有希望成為世界第一的就是我們的中醫。但是由於中醫主體性的丟失，結果就成為了西方醫學的附庸。現在西方醫

學也發生了很大的變化，我們卻總跟在西方醫學的後面並沒有多大變化。在西方醫學界，越來越謹慎地使用抗生素，而我們卻還在大量使用抗生素。在這方面，我們要有自信心，要相信每一個生命都有強大的自我修復能力。當然，抗生素作為輔助治療也是可以的，但是當我們慢慢開始依賴它時，人就失去了自我修復的能力。

中國的傳統的醫學理念是西醫一個很好的補充，中西醫是可以相互補充的。我們要繼承國醫的傳統，堅守國醫的傳統理念。

傳統文化視野下的人和自然

怎樣來解決日益嚴重的生態問題呢？其實，當前的生態問題源於人類中心主義。人無所不能，人定勝天，征服自然的思想本身是人類異化的產物，人的異化也是西方上個世紀反思的核心問題。在征服自然的過程中，人的自我膨脹，任意地向自然攫取，不尊重天地萬物。結果人不但沒有取得真正的獨立，反而是被物質、財富牽著鼻子走，失去了自我。

把人和天地渾然一體的狀態變成了人與天地相對立，把天地作為外在的研究、開發的物件，在中國經歷了一個過程。很難講這個轉變是從什麼時候開始的。我們曾引進了許多西方哲學的理論，例如，歐洲理性主義、馬克思主義等，當然也引進了

當時一些著名的哲學家笛卡爾、洛克、培根、馬克思等人的思想學說。

馬克思主義研究的自然並不是存在於人類之外，與人類實踐無關的自然，而是經過人類實踐改造了的自然、具有社會歷史性的自然。馬克思認為自然界是人的「無機身體」，人要依靠自然界而生活。人為了生存和發展而必須與自然界持續不斷地進行物質交換。很多人將其誤讀為：人類的根本任務是征服、改造自然。

在上個世紀初期，中國的學術界就開始從中國哲學裡尋找改造自然的資料。但是，在中國哲學裡面沒有「改造自然」的提法，於是人們開始研究歷史上國人對天人關係的認識。學者們找到的天人關係資料大都是講「天人合一」的，當時把「天人合一」、「畏天命」、「奉天」理解為天是絕對不可侵犯的，人在天面前無能為力，只能去適應天。

郭沫若最早提出，荀子「明天人之分」的思想「包含了近代科學精神」，是中國科學思想的萌芽。荀子說：

> 故明於天人之分，則可謂至人矣。不為而成，不求而得，夫是之謂天職。如是者，雖深，其人不

加慮焉；雖大，不加能焉；雖精，不加察焉，夫是之謂不與天爭職。天有其時，地有其財，人有其治，夫是之謂能參。舍其所以參而願其所參，則惑矣。列星隨旋，日月遞照，四時代禦，陰陽大化，風雨博施，萬物各得其和以生，各得其養以成，不見其事而見其功，夫是之謂神。皆知其所以成，莫知其無形，夫是之謂天〔功〕。唯聖人為不求知天。（《荀子・天論》）

按照荀子的觀點，天、地、人各有其道，能夠分清天與人的職責的人是聖人。郭沫若則認為，「明天人之分」，即人不能做天的奴隸；戡天思想，即控制自然界使之為人類服務，是《荀子・天論》的特色。這顯然改變了《荀子》的原意。把荀子的思想提升到「人定勝天」的高度，這樣征服、改造自然就有了理論根據。

中國傳統文化中有很多的思想值得借鑒。道家認為，一方面人不要把自己看得很偉大，另一方面也不要把自己看得很渺小，人既偉大又渺小。人確實有偉大的一面，但人又很渺小，人不能主宰萬物，天無為，人也要學著無為。老子說：「人法地，地法天，天法道，道法自然。」

　　上個世紀，西方一些思想家提出要重建人文主義，人既不能成為神的奴隸，也不能異化為物的奴隸。人類破壞自然，源於人的貪婪，無止境地向自然索取，破壞了人類的生存環境。人是不是一定要向自然無休止地索取？無數的事實告訴我們，破壞了生態環境之後再去治理，所需成本比破壞它的收益還要多，也無法再完全恢復原貌。因此，在開發自然資源之前，一定要考慮清楚，而且考慮環境問題時，需要抑制人的欲望。

　　在現實生活中，許多人可持續發展的觀念淡薄，推崇以消費來推動經濟發展。提倡可持續發展是富有人文精神的觀念。這一觀念不僅讓現代人可以發展，不把資源都消耗盡，而且子孫後代也可以持續發展。《老子》六十七章曰：「我有三寶，持而保之。一曰慈，二曰儉，三曰不敢為天下先。」

　　生態平衡是建立在生態倫理的基礎上，生態倫理的核心是要相互尊重，要建立起人與自然相互尊重的觀念，不去隨意破壞、改造自然。同時，食品安全問題也值得關注，我們不能光吃人造的東西，還是多吃一些自然的東西好。現在，人們吃的食物越來越不自然了，也越來越享受不到人生的快樂。這裡講的「自然」是老子講的「道法自然」，我們

要把自然人文的精神和現代科技更好的結合，不是用現代科技去淹沒自然人文。

人們現在越來越關注技術發展的兩面性，技術的發展給我們的物質生活帶來便利的同時，也造成了生態環境的破壞。資料化讓人越來越失去主動性，人在征服物質世界的同時，也喪失了自我，隨著技術的發展，有些人成了機器、資訊的奴隸。對人類來講，真的需要那麼多的資訊、資料嗎？它們帶來的是快樂，還是痛苦呢？

如果社會鼓勵人們追逐更多的財富，其結果就是人人都去爭奪財富，這也就是孟子講的「上下交征利」。據《孟子》記載，梁惠王見到孟子，問他能帶來什麼利，孟子就回答：「王何必曰利？亦有仁義而已矣。」（《孟子·梁惠王上》）上講利，下也講利，社會就不得安寧。慾壑難填，過分地追求利益會走向反面。《史記》裡也有一段話：「慾而不知足，失其所以慾；有而不知止，失其所以有。」（《史記·范雎蔡澤列傳》）一個人慾望無窮不知足，到後來會失去原有的一切。人類要思考一下，有沒有必要向自然、社會攫取那麼多的財富呢？

下編

提升中國的軟實力

在傳統基礎上接受現代化

西方文化可以大致分為兩大派別：保守主義和自由主義。自由主義的核心思想是國家的文化要以維護個人自由為目的。自由主義者認為，文化可以不斷改變，傳統的東西可以選擇也可以不選擇，人在文化選擇上有很高的自由度；保守主義強調維護傳統的意義，重視精英人物的作用，以及宗教和道德在維繫社會中的重要性。保守主義者認為，文化的選擇具有很大的局限性，傳統是我們與過去的連接物，傳統文化的力量非常強大。

日本的馬克思主義哲學家永田廣志寫過一本《日本哲學史》。在書的導言裡，他講，傳統和現代的關係是這樣的：傳統既不可能原封不動搬到現代，也不可能完全把它斷絕。想要拋棄傳統，它卻

總是和現代有著千絲萬縷的聯繫，可是想要把傳統原封不動地搬到現代，卻永遠不可能做到，它總是要被改變的。

亨廷頓是一個文化保守主義者，他認為文化傳承的力量非常強大，不是想輕易改變就可以改變得了。亨廷頓也研究傳統文化問題，認為文化的傳統不能隨便地拋棄和否定。要改變文化的類型要具備幾個條件：第一，這個地區的領導者要下決心徹底割斷歷史；第二，精英分子要認同；第三，社會的大眾能夠跟著走；第四，你想走向的文化認同你。讓所有的精英分子都認同很難，你想走向的文化認同你會更難。領導的決心有可能，大部分的民眾也會隨從，可是第二、四條很難做到。

亨廷頓在講文明的衝突時分析了土耳其的狀況，文明的傳統對一個民族來說根深蒂固，要改變它是很難的。在亨廷頓看來，最好的辦法就是不要割斷傳統，而是在傳統的基礎上向前發展。從上個世紀二十年代，土耳其的當政者制定了全盤西化的方針，當時土耳其的大部分精英基本認同了這一方針，民眾也跟著走了，但是土耳其始終沒有被西方文化的母體認同，西方世界始終把土耳其文化看成是阿拉伯文化、伊斯蘭文化。梁啟超在第一次世界

大戰後到了土耳其，當時他就預言土耳其會出問題。

亨廷頓稱土耳其為「無所適從的、身份被撕裂的國家」。他忠告人們不要輕易地放棄自己的傳統，他認為：「現代化是一個多方面的進程，它涉及人類思想和活動的所有領域的變化。」現代化有幾個方向：一、完全放棄傳統；二、完全不放棄傳統；三、在傳統的基礎上去接受現代化。他贊同第三條。完全放棄傳統，西方世界不認同你也沒用；完全堅守也不可能，在世界潮流中要完全堅守傳統是不可能的；最好的辦法就是在自己傳統基礎上接受外來的文化，現代化是溝通傳統與現代的橋樑。

有主體才能有借鑒

　　一百多年來，一些人徹底否定、割斷了傳統，傳統文化學者的整體趨勢是全盤西化，以西方的理論、思維方式來重新詮釋中國的傳統文化，這使優秀的傳統文化面目全非。不能否認，隨著時代的發展，總是要不斷地吸收新的營養，借鑒新的思維方式。但是，這必須要在堅固的文化基礎上去吸收、借鑒。現在，國人對西方文化有一些模糊膚淺的認識，並沒有深入地瞭解其本質，卻把自己優秀的文化傳統也搞丟了，或對文化傳統的認識存在曲解、誤讀。前幾天，我跟一個在歐洲呆了幾十年的華人談話，他覺得國人不尊重他人。國人多從政治上來理解人權，而他重視的是日常生活中的權利，就是人與人之間相互尊重的問題。他回國看到一些人總

是在搶、擠，只看到自己，根本不管別人。人權是一個相互尊重的問題，我尊重你的權利，你也尊重我的權利，人權平等是在生活的方方面面中體現出來的。

關於自由，我們常常理解為：我想怎麼樣就怎麼樣，就是自由，我想怎麼樣你不讓我怎麼樣，這就不是自由。可在成熟的西方社會裡，不妨礙別人的自由才能獲得真正的自由。如果你的行為影響了別人，你就沒有自由了。我們丟掉了自己的文化傳統，學西方的思想又只學了名詞概念，我們要民主、人權，可是卻沒搞懂什麼是真正的民主、人權。你想這麼做，可這只代表你自己，如果你這麼做會損害別人，那對你的干涉並不是侵犯你的人權，恰恰是保護了大眾的人權。

尷尬的是，我們割裂了自己的文化傳統，而西方人沒有拋棄他們的文化傳統，他們很容易通過對比看到自己文化中缺少的東西。中國近代一批學者有相當深厚的傳統文化功底，他們去看世界時非常敏銳，能夠分辨西方哪些東西是我們需要的，哪些是我們要拋棄的。一個國家要有文化主體性，才能去吸收其他文化的精華。如果自己腳跟都沒有站穩就去吸收別人的東西，就會不知所措。

　　現在確實存在身份認同的問題，身份的認同歸根結底是文化的認同。文化是一個國家、民族的精神和靈魂。不要盲目地跟著別人學，還要看我們自己的傳統，要看我們怎樣從傳統發展到現代社會，讓傳統能夠跟當今世界交流、對話，而不是完全放棄自己的文化，跟別人合而為一。

　　我們要有文化主體意識，不管是在科技進步，還是教育發展中，我們都要很好地檢討、反思，首先要立足於自己的歷史和文化傳統，然後再決定我們應該如何發展，而不是別人怎麼說，我們就跟著走。文化主體意識的缺失會使一個國家的靈魂遊蕩不定，哪裡強就往哪裡去，哪裡吸引力大就去哪裡。失去了文化主體意識，分辨能力就差了，隨聲附和的東西也就多了，現代人也因此產生了很多習慣性的思維。現在很多問題都出現在觀念上，錯誤的觀念導致各種外在的制度和措施的偏差。遺憾的是我們的教育也缺少文化主體意識，經過二十幾年的學校教育以後，很多人還是不認同中國的傳統文化。

談劣根性

現在，一些學者在批三俗。有人說，這是受到美國《新聞週刊》所評的「中國最骯髒的人」的影響後才提出來的。一些學者認為，對大眾文化不必大驚小怪，另一些學者認為，批庸俗文化的人最庸俗，只有庸俗的人才會去批判庸俗文化，更批不好。

在任何民族的文化中，都有不同的劣根性。我們常說，中華民族勤勞、樸實、勇敢，但也有人會講，中華民族是一盤散沙，各人自掃門前雪，休管他人瓦上霜。其實，在任何民族的文化中都有各種因素，從這個角度講，其具有劣根性，從那個角度講，其具有優秀品德。光明和醜惡一定是並存的，我們不能說一個社會只有光明，沒有醜惡。正因為

這樣，才會有先知先覺者、賢哲、精英們，要在社會上起榜樣和帶頭的作用。我們不能因為別人指出一些問題，就拋棄優秀的傳統文化。洗澡水髒了，把洗澡水潑掉，如果連小孩也一起潑掉就沒必要了。我們要發掘傳統文化中優秀的、正面的國民性去克服其負面、不足之處。從道理上講是這樣的，但實踐上總是有正反兩方面國民性存在。歷史文化是交互作用的，馮友蘭先生曾經說過，歷史上提倡仁義的社會正說明社會上非仁義、反仁義的事情太多了，所以才要極力提倡仁義。

我們要積極宣導弘揚祖先留下來的優秀傳統文化，也需要社會精英以身作則，身體力行去實踐，給社會樹立榜樣。中國文化強調「自天子以至庶人，壹是皆以修身為本」，修身是一個自覺的過程。荀子曾經講過，天下萬物中有氣而無生的，比如水、火是有氣而無生的；草、木有生有氣而無情；動物有生有氣有情但無義，沒有仁義道德，動物也有很多情感，但是不能分辨各種關係，而人有氣有生有情且有義，這是人跟動物的根本區別。人能分辨各種關係，懂得各種行為規範。「義者，宜也」，人走的路要合適，應該按規範做。孟子說：「夫義，路也；禮，門也。惟君子能由是路，出入是

門也。」（《孟子·萬章下》）如果人不懂得規矩，就跟動物一樣了。要成為一個真正的人，修身是第一步。人要懂得節制，知道哪些該做，哪些不該做，哪些場合該這樣做，哪些場合不該這樣做，這些都要分辨清楚。《禮記》上講：「夫禮者，所以定親疏，決嫌疑，別同異，明是非也。……道德仁義，非禮不成；教訓正俗，非禮不備。」

我們既要看到存在某些劣根性，但也要看到歷史上的聖賢們為克服劣根性所做的不懈努力。我們應樹立好的價值觀，培養優秀的品德。不要因為有劣根性，就放棄努力，而是要更加努力地去克服它。我們一方面要汲取優良的傳統，另一方面要吸收時代的精華，把現代和傳統相結合，把中西優秀的文化相結合，創造一種新文化。

在現代社會，不僅個人要弘揚優秀傳統，而且還要運用法律的力量來監督。不僅要暴露劣根性，還要從正面提出建設性的意見。在消除傳統劣根性的同時，還要提升思想道德。

這些年，一直都在討論道德滑坡的問題，這個問題非常複雜，有各種影響因素，其中最重要的因素是教育。家庭教育、學校教育和社會教育三方面缺一不可，需要密切配合。不能家庭教育是這樣，

學校教育是那樣，社會教育又是另一樣，那我們的子孫們就無所適從了。如今我們的家庭教育非常落後，很多父母放棄了家庭教育，父母不是缺乏耐心、愛心，就是過分溺愛孩子。學校教育是把智力的培養、知識的教育放在第一位，缺乏培養人格的教育。在這樣的教育體制下，培養出很多智商高而人格低的學生。當然，這個問題在全世界的教育界都普遍存在，學校裡重視知識技能的教育，缺乏人文素質的教育。相對來講，西方的傳統是學校負責知識教育，教堂負責道德教育。如果中國的大學完全跟西方看齊，我們的大學就會全部變成知識教育第一了，而中國的傳統恰恰是將知識傳播和素質培養結合在一起的。知識和素質教育學校都要負責，甚至把人文素質的養成、人格的完善放在第一位，也就是德育第一。在新中國成立後很長時間，我們都是強調德育第一，提倡德、智、體全面發展，但也不能否認，在很長一段時間我們把政治教育、政治立場當作德育的唯一內容。德育教育的重點是如何做人，首先要做一個真正的人，進一步要做君子，成為聖賢、精英，起帶頭作用，推動社會向前發展。

現在的教育狀況往往是，家庭教育缺失，學校

教育單一化，社會教育混亂。電視上的兒童頻道現在都是二十四小時播放。半夜十一二點鐘還可以看到兒童節目。這雖是小問題，但能看到整個社會的導向、教育的理念有問題。

看到有人揭露中國人的劣根性，就應該覺得自己肩上的擔子更重了。越是有人揭露，就越需要我們努力挖掘傳統文化中可以克服劣根性的資源，從而增強我們的民族自信心。傳統文化的智慧可以抵制住劣根性，不要因為有劣根性就覺得我們的傳統文化一無是處。任何一個民族都會有劣根性，我們對西方的歷史文化暸解不多，只知道西方比我們進步的那一段歷史，沒有看到西方也有比我們落後、黑暗的歷史。舉西方的例子也不是為了揭露什麼，只是說明人類歷史就是這樣走過來的，到了近代，西方在某些方面比我們進步、完善了，但並不說明其在歷史上就比我們進步、完善。另外，在西方文化中是不是還存在某些不足的東西呢？是不是可以來彌補西方文化的不足呢？這是一個值得思考的問題。

某些劣根性真的存在嗎？也許「劣根性」在歷史上還起到一定的調節作用。魯迅先生認為，中國國民劣根性源于道教，他曾講過「中國根柢全在道

教」，所謂「中國根柢」，是指國人「吃人」、麻木、奴性的本質。阿Q的精神勝利法、自我陶醉確實不好。在中國傳統文化中，佛教講忍辱，儒家講忍耐。我們要寵辱不驚，要耐得住寂寞，許多事情只有忍了才能堅持做下去。《老子》一書強調的是以退為進，退是為了進，而且一定是有力量地進。老子說：「將欲取之，必固與之。」因此，《老子》在歷史上被一些人視為給統治者提供的「君王南面之術」。《莊子》中的畸形人都是社會弱勢群體，但他們「內保之而不外蕩」，外形奇醜但內心卻完善。

魯迅筆下的阿Q也是弱勢群體，他只能靠自我消解、自我陶醉才能生存下去。但是，「阿Q精神」每個人都需要那麼一點兒，許多事情不要去計較、認真，忍一忍也就過去了。如果把弱勢群體的「阿Q精神」的途徑都堵死了，那很多人就無路可走了。

現在的問題是很多人看不開就走了絕路。其實，許多時候是需要等待時機的，時來才能運轉。在遇到挫折時，我們要學會忍耐、等待，可以適當自我安慰一下。我覺得「阿Q精神」不應該一概否定，要看怎麼運用它。有時它也是隨機的變通，也不見得是壞事。人往往是多面的，因此，在別人眼

中人也是各異的，這是正常的。不管是劣根性，還是優秀品德，都需要做辯證的分析。

等價交換不能成為價值觀的原則

　　我最近很關注人文精神的建設問題，這也不僅僅是我們國家才有的，全世界都存在這個問題。近兩三百年，人類在現代化進程中，整個世界的科技和人文兩大文化體系一直處於失衡狀態，科技占主導，人文卻總是追趕不上科技。科技可以直接用到生產，是硬實力，而人文作為軟實力，也在潛移默化地影響著人們的思想。

　　近一百年來，一些所謂的落後國家為了能夠不斷發展壯大、提升經濟實力，更多地關注科技文化，而人文文化被拋得更遠。中國如果不調整這種失衡狀況，就會出現很大的問題，科技文化在造就

了物質發展的同時，也在以經濟發展規律來構建整個社會。現在最大的問題是用經濟學上的等價交換原則作為價值觀的核心，這是由於科技、人文的比例失衡引起的。中國傳統的人文思想是以人為本，不是以等價交換原則作為價值觀的核心，也不追求付出和收穫相等。人文的價值觀應該是付出大於收穫，甚至是完全地付出，而社會經濟的發展一定是建立在等價交換的原則上。

我曾經寫過一篇文章來討論等價交換中義和利的問題。在中國這些問題可分為三個層次：在理論上，是理和慾的關係問題；在實踐上，是義與利的判別問題；在修養上，是役物還是役於物的問題。荀子說「君子役物，小人役於物」（《荀子·修身》），他認為，修養高的人輕視富貴權利。

近些年來，我們在道德倫理上甚至出現了一種傾向，給我多少的權利，我就盡多少責任和義務，追求責任、義務跟權利完全等價。其實，權利義務不是簡單的等價關係。責任、義務是個體的行為，權利是社會賦予的。從道德實踐上看，我們應遵循董仲舒提出的原則──「正其誼不謀其利，明其道不計其功」（《漢書·董仲舒傳》）。我們做任何事情都應為了匡扶正義而不是為了謀取個人利益。個體在

道德實踐上只管正誼明道，而不是謀利計功，社會需要給這些正誼明道的人相應的功利，但個人不是為了功利而去正誼明道的。如果社會對正誼明道的人置之不理，給歪門邪道的人以獎勵，社會就失去了公正。如果社會不獎勵正誼明道的人，只能說明社會是不公正的，但個體還是要無怨無悔地去正誼明道，這才是人文精神的體現。可怕的是我們把經濟學上的等價交換原則看作價值觀的核心，絕大部分人都想著有相應的回報才去盡相應的義務。

社會最根本的要求就是個人盡倫盡職，在什麼位置上就要把這個位置上的工作做好，並得到一份相應的回報。但是，更高的人文要求是自覺把事情做得更好，產生精神上的愉悅，心甘情願地去做事，這是人文的價值追求。與物質上的回報相比，更重要的是得到精神上的回報。要讓更多的人瞭解人文的價值追求，而不是以經濟學上的等價交換原則來衡量一切。以等價交換原則作為價值觀的核心是科技文化發展的結果，也是人文價值失落的表現。

沒有自覺自律，民主會變味

　　近代西方民主有兩個思想源頭，一個是古希臘羅馬思想中的資源，一個是東方尤其是中國的人本思想對西方的影響。西方的民主從誕生到現在，經歷了許多變化。一開始西方人把民主、理性都看得比較絕對，隨著社會的發展，對民主就有了許多限制，對絕對理性也提出了質疑。人們開始反思：在理性的支配下會不會做出非理性的事情呢？中國學界缺乏對這方面內容的介紹。

　　二十世紀，西方社會對其民主、科學和理性，甚至於對整個西方文化都提出了質疑。在達爾文的進化論問世以後，自然選擇和物競天擇的理論被斯賓塞等學者應用到社會領域，社會達爾文主義者認為種族同樣需要優勝劣汰。鴉片戰爭之後，「物競天

擇，適者生存」的思想也曾在中國社會引起強烈反響。希特勒是社會達爾文主義者，他認為雅利安人是優等人種，必須要消滅猶太人等劣等民族的謬論都源於社會達爾文主義。「優勝劣汰」的原則至今仍變相地支配著整個世界，許多先進的國家打著用先進文化改造落後地區的幌子，到處去干涉別國內政。

社會達爾文主義產生時，歐洲就有與其相對的思想─社會互助論。西方社會各種思潮相互影響、牽制，給人們提供多維度的思考空間，社會達爾文主義逐漸走向衰落。

很多中國年輕人對西方民主的進程瞭解極少。有些人的思想還基本停留在西方早期民主階段，認為民主就是絕對的自由。其實，「民主恰恰最不自由」，只有真正理解這句話才能獲得真正的、完全的自由。如果不能理解這句話，那想像中的民主永遠無法實現，也會帶來無窮的痛苦。

自由是建立在不妨礙別人自由基礎上的，而不是想怎麼樣就怎麼樣。既然不能妨礙別人的自由，所受的牽制則無窮無盡，要時刻考慮是否妨礙了他人。我們說話時就要考慮到這句話是不是侵犯了他人的名譽；做事時也要考慮這件事是不是妨礙到他人。只有把握到自由的本質，說話、做事都考慮周

全了，才會一帆風順。

　　有些西方人認為，當今中國人對西方民主的理解實在是太膚淺了。我也曾講過，西方社會結合了西方傳統和中國人本主義思想創造了現在的民主、自由、平等的思想。我們當然也可以去吸收西方文化裡的優秀資源來發展具有中國特色的自由、民主、平等，既然中國傳統文化裡有這些元素，為什麼一定要和西方的自由、民主、平等完全一樣呢？我們可不可以有自己的自由、民主、平等的模式，或者有東方式的自由、民主、平等的模式呢？我想只要用心去做應該是可以的，當然我這個說法會有很多人反對。反對者會說，有現成的西方自由、民主、平等的模式擺在這裡，為什麼還要自己去創造呢？

　　為什麼要自己創造自己的民主模式呢？我想，國人在中國傳統文化的思想土壤上傳承下來的文明有其自身特點。中國簡單地搬用西方的模式會水土不服。如果我們有自己的特點，那麼就可以創造一個適應本土文化傳統的民主、自由、平等制度。

　　中國的傳統文化基因是根深蒂固的，不是想拋掉就能拋掉的。中西方文化存在巨大差異，中國人對鬼神的實用主義絕對不能與對上帝的絕對服從

相容。

中國人有優良的人文傳統，強調發揮人的主動性、能動性。但我們也要看到中國人也有缺點。儘管孔子反覆講：「君子有三畏，畏天命、畏大人、畏聖人之言。」但是很多人就是不畏。在現實生活中，中國人確實缺乏神聖感和敬畏心。

對外部事物缺乏敬畏之心沒有關係，可以對自己敬畏一些，但對自己敬畏更難。因此，中國人做到「慎獨」就是最高的標準了。「慎獨」就是要自我監督，勿自欺，國人常講，頭上三尺有神靈，否則，就會不斷地自欺了。明代有個人對古董商有一段評論，古董商一生只做了三件事，永遠是先自欺，再欺人，最後被人欺。我們千萬不要做一個自欺的人，自欺再欺人，那最後必然被人欺。

要想不被人欺，首先不要欺人。不欺人，首先要做到勿自欺，這也就是中國傳統文化裡強調的敬畏之心。現在許多人把這些神聖戒律打倒在地，徹底地拋棄掉，聖人反覆強調的箴言就更加沒有神聖感了。

為什麼現在會出現道德滑坡？我想最根本的原因就是缺乏勿自欺的精神。有些人欺人還覺得心安理得，好像欺人沒關係。要欺人首先就要自欺，誠

信缺乏就源於此。當今社會應該重新守護國人道德自律的神聖感，每個人在道德上的自覺自律是神聖的。如果徹底否定這一點，道德的重建就很難了。因為國人沒有西方人的上帝監督觀念，不需要上帝的末日審判，自己再不監督自己，上帝又不審判你，道德的滑坡就很正常了。

從某個角度來講，中國的民主也是建立在個人自覺自律基礎之上的，沒有自覺自律，民主也會變味。不能否認西方有很多政治家無自覺自律觀念，玩弄選民，借助民主自由達到個人目的。如果國人能夠接受現代的民主概念，又能把中國傳統的自覺自律的觀念結合起來，中國的民主可能會比西方的民主更完善一些，這當然也只是我的理想而已。

我們應該立足于本土文化，運用我們優秀的傳統資源，在資訊如此發達的時代，創造出更適合當今中國的民主。

養老社會化是社會進步的表現嗎？

　　隨著時代的變遷，有很多具體的事情發生了變化，比如過去講「父母在，不遠遊」，現在很難做到了。能在父母身邊當然很好，如果做不到，現在通訊很發達，人不在父母跟前，心可以在他們身邊，經常聯絡還是很容易的。個人的發展跟孝道不衝突，立業跟成家也不矛盾，可以先成家後立業，也可以先立業後成家。玄學家也探討過這個問題，有些人認為孝是強加給人的東西，玄學家認為父母子女之間有自然的血緣關係，家庭關係是天倫。「自然親愛為孝」，「養不教，父之過」，養兒防老也很常見。孝是自然而然的，人類也是這樣一代代延續

的。你對父母孝敬，你的子女對你也會孝敬。如果你對父母不孝，你的子女對你也會不孝。

宣導孝是社會倫理的需要，當然這也是中國文化背景下對人的要求，如果在西方就可以不講孝敬父母，而是對上帝忠誠。按照西方的生命觀，人類是上帝的子女，不孝順父母，忠誠于上帝在西方是可以的。當前我們要宣導什麼樣的理念呢？是不是也要像西方那樣人老了就去養老院呢？最近就有社會調查顯示，中國的養老方式正在向美國的養老方式靠近。老年人住養老院，鰥寡孤獨是沒有問題的，他們需要養老院來收留。但是，有子女的老人是不是一定要去養老院呢？現在確實有些老人即使有子女也願意去養老院，因為老人在家裡根本得不到照顧，更談不上孝敬他們了。這說明我們的社會倫理變化後出現了一些問題，是要宣導子女孝敬贍養父母，還是全部交給社會呢？現在國家已經開展了一些工作，一些農村已經開始給老人發養老金了。

很多人認為，養老社會化是社會進步的表現。我對此表示懷疑，鰥寡孤獨養起來，生活有保障是社會的進步，這是大同世界的理想。但是，有子女的老人為什麼不讓子女去盡贍養父母的責任呢？贍養父母是一種美德，應該鼓勵。當然，也不排除存

在一些特殊情況，但總的來講還是要區別對待。條件好的可以養得起父母，條件不好的養不起父母還有民政部門的補貼，這也是一個補救的辦法。中國傳統文化強調社會關係從親近親人開始，家庭是社會的細胞，細胞如果出問題了，身體當然會亂。家和萬事興，家和了整個社會都會興旺，家庭的道德倫理建設是社會的一項基本建設。西方社會現在也在回歸傳統家庭，人們不再認同上個世紀六十年代追求性解放那種家庭瓦解的狀態了，而我們現在似乎正在步西方的後塵，離婚率居高不下。

如果我們能很好地發揚孝的思想是很有社會意義的。《禮記》裡講：「孝有三：大孝尊親，其次弗辱，其下能養。」大孝是讓父母得到社會的尊重。「其次弗辱」是說，下一等的孝是不要讓父母受到社會的羞辱。「其下能養」，即現在我們所提倡的孝，即贍養父母。過去我們總批評光宗耀祖，其實光宗耀祖有什麼不好？尊親就是讓父母得到社會的尊重，傳統文化其實是認同光宗耀祖的。一個生命來到這個世界，是與父母祖先有關的。如果你能對社會做出貢獻，讓社會對你的父母和祖先都尊敬有加，這才是真正的大孝。現在是要求最低層次的孝—「能養」，還沒要求做到另外兩個層次的孝。

一些人連最低層次的孝都做不到，更不用說另外兩個層次的孝了。從社會來看，你光宗耀祖了，個人的價值才能真正體現出來。個人的價值要得到體現，必須要對他人、社會做出貢獻，得到他人、社會的認可。得不到社會的認可，你的個人價值怎麼能體現出來呢？不要把體現個人的價值和對家庭、社會做貢獻對立起來，只有在做出貢獻的過程中才能體現出個人價值，你對家庭、社會做出的貢獻越多，你的價值也就越大。

對傳統文化的態度：擇善明用

　　對於中國的傳統文化，我們不要花太多的精力去區分哪些是精華哪些是糟粕，歷史上的「精華」現在也不一定是「精華」，歷史上的「糟粕」現在也不見得就一定是「糟粕」，精華和糟粕也是可以轉化的，怎樣去運用傳統文化才是根本的問題。我們要看傳統文化在今天的社會能發生什麼作用，如果它發生了積極的作用，就可以說它是「精華」。即使從歷史上看某個階段它是「糟粕」，我們也可以把它轉化成「精華」。如果我們不善於運用「精華」，社會影響不好，那麼歷史上再好的「精華」在當下看來也是「糟粕」。

　　精華與糟粕發生作用要看以下兩個條件：一是它適不適應這個時代；二是把它擷取過來的人怎麼去運用它。有句話說得好，「善用者無棄材」，在善於運用的人手裡沒有無用的木材，從堅硬的木頭到腐朽的木頭，在巧匠手裡都會變成精美的藝術品，傳統文化也像一塊塊木頭、石頭一樣，關鍵要看人們怎樣去雕琢、運用它。我非常推崇荀子的一句話：「循其舊法，擇其善者而明用之。」「明用」可以說是發揚光大的意思，也就是創造性地轉化。沒有創造性地轉化，歷史上再好的東西也有可能會變成糟粕，好的東西會被糟蹋。任何事物都不是孤立存在的，那個時候怎麼樣，現在如何，都是需要把古今結合起來看。有些古代的傳統是要拿到現在打磨的，是要進行創造性地轉化的，有些情況，我們要還原歷史，不能用現在的眼光去分析。怎樣評價秦始皇？每個朝代的評價都不盡相同，究竟哪個評價是對的呢？哪個評價都有些道理又都不全面。我們要弄清當今社會缺什麼，需要什麼，再看看歷史上哪些是可以用的，拿過來試試看，不好也沒關係，再重新來找，哪有現成的呢？哪有不許失敗的呢？但是對於優秀的傳統文化我們要維護它的神聖性，對歷史上形成的一些文化標誌要保留其神聖

性，不能隨意改變。

　　如今在歷史研究中有個比較大的問題，就是要推倒任何帶有神聖性的文化標誌，這導致我們喪失了價值判斷和參考的標準。我們可以在某些場合下對這些標誌性的東西作出評價，但是如果把它都推倒了，那歷史就變得虛無了。我們現在不需要，可以淡化它；我們現在仍然需要它，可以強化它。在現代和傳統之間其實界限也不甚分明，需要把握分寸，這就是傳統文化帶給我們的思考。有很多誤讀不是傳統帶給我們的，而是現代人扭曲、破壞了傳統造成的。由於個人的角度和立場不同，對傳統文化的看法也存在分歧。

　　把優秀的傳統文化拿到今天來實踐，也不是完全照搬，而是要進行創造性地轉化。現在也有很多人在嘗試把傳統轉化成現代。要允許有失敗，成功就堅持下去，失敗就改過，要有這樣的寬容精神才能進行創造性地轉化。

中國的民族主義抬頭了嗎？

狹隘的民族主義或民粹主義常會導致文化衝突。狹隘的民族主義或民粹主義與尊重、繼承、弘揚傳統不是同一個概念。民粹主義的根本特點是排斥、抵制、拒絕接受其他文化中可以被吸收的東西。我們現在提倡要繼承、弘揚優秀的傳統文化，不是走狹隘的民族主義或民粹主義的道路。為保持所謂的民粹，在委內瑞拉、俄羅斯等國都曾出現過民粹主義。我們也講國粹，國粹是我國歷史文化中的精粹，而不是盲目的排外。

現在需不需要擔憂民族主義呢？我們需要擔憂這種思想傾向，但就現在的情況來看，擔憂有些為時過早了。大家並不是只要自己的文化排斥其他國家的文化，而是我們對自己的傳統文化太缺乏瞭

解、尊重和自信。我們還沒有開始重新認識和評價傳統文化，還沒有認同、尊重自己的傳統，就要防止出現這樣那樣的問題，擔心會不會抵制外來文化，我覺得這種擔憂是沒有必要的。而且，這會給阻礙我們認識傳統的人和事提供藉口，使大家不敢大膽地認同自己的傳統。

當下我們需要熱情大膽地認同自己的傳統文化，建立一種自覺的文化主體意識，這才是迫切需要做的。所謂自覺的文化主體意識，就是對傳統的認同、尊重，對自己的傳統文化有自信，我們才有可能平等地跟其他的文化比較、交流，才能比較清楚地看到自己文化的不足和其他文化的長處，反之亦然。

跟近代的先賢們相比，我們有兩大缺陷：一是先天不足；二是後天失調。先天不足是指我們沒有深厚的傳統根基，先賢們是在傳統文化的氛圍中成長起來的，而我們現在缺乏傳統的根基，對傳統文化的認識先天不足。後天失調是指我們在接受西方文化的過程中，看到的都是西方表面的現象，而很難把握和體會其深層次的、本質的東西。我們有時會不自覺地貶低自己的文化傳統，很多人都缺乏文化主體意識。如果我們對西方文化有深刻的瞭解，

能夠把握其深層次的東西，吸收、借鑒西方文化當然是沒有問題的。許多西方學者對西方文化非常瞭解，又看到西方文化在當今世界所面臨的種種問題，再對照東方文化，就可以發現東方文化中可以彌補或者糾正西方文化的資源。同樣地，如果我們有深厚的中國傳統文化的根基，也可以看到西方文化中哪些方面能夠真正彌補我們的不足。

在我們對自己的傳統文化瞭解得還不夠深的時候，就要防止出現所謂的狹隘的民族主義或民粹主義，是沒有必要的。這個問題也不是現在才提出來的，至少二十年前，美國之音就到處在講中國的民族主義抬頭了。可是現在看來還差得很遠，如果真的出現了一點兒民族主義還是好事情。二十年過去了，我們的民族自尊心、自信心還沒有真正地樹立起來。學者們有這方面的擔心是正常的，但要根據實際情況調整。如果民族主義真的出現了，那是要防止它氾濫的，但現在所謂的民族主義根本沒出現，過分的擔心也是沒有必要的。國人中真正瞭解傳統文化的人還很少，可能在學界還可以談到一些傳統文化。前一陣子，李澤厚先生提出，中國需要認同自己的文化傳統，因此他寫了《論語今讀》。他認為，瞭解中國的傳統經典，要從《論語》入手。

　　文化總要在交流中才能向前發展，中國的歷史也說明了這一點，百家相互交流，文化才會發展，世界文化也是如此，拒絕交流肯定是錯的，那就是民族主義了，可是要很好地交流，必須要有文化主體意識。沒有主體意識，喪失了自我，怎麼去跟別人交流呢？跟在別人的後面走，是沒有前途的。平時我們也經常講要學會獨立思考，要能夠正確分析別人的觀點，才會有一個均衡的吸收能力。文化交流中，缺乏主體意識是相當嚴重的問題。

中國傳統文化研究要做到四通八達

多年前，我曾提出中國傳統文化研究要做到四通，即中西東、儒釋道、古今現、文史哲這四方面都要打通，做到四通才能八達。這是件難事，現在學生干擾太多，能夠靜下心讀書就不容易了。我想傳統文化的種子播下去以後，只要條件適合，早晚都會有收穫的。只要這個種子在，傳統文化就可以延續。

人文學科如果再越分越細，將會走上絕路。現在做官的做不了醫生，做醫生的做不了官，人們認為這是兩個截然不同的學問。但是，中國古代反復地講，「不為良相，便為良醫」，不懂得治身的人怎

麼能懂得治國呢？不懂得治國的人怎麼能懂得治身呢？可現代人接受不了這個觀念，許多人對治身、治國的道理都不太清楚，覺得這兩者無法溝通，其實兩者是相通的。身體的不適，國家混亂，都是失調導致的。只要觀念解決了，方法、手段好辦，觀念不解決，再找合適的方法、手段也是徒勞的。

　　一些人認為哲學沒用，但它是無用之大用，起指導的作用。中國的文化有兩個層面，一個是「道」的層面，一個是「藝」的層面。藝是具體可操作的，包括文藝、武藝、技藝；道是不可操作的，但它有指導性，指明方向並給人以力量，道和藝要結合起來。下學要上達，下學日用，上達天理。有的人只注重技藝的訓練，而不去探求理論的指導，或者只注重道，而忽略了藝。現在大量行為規範和儀軌丟失的原因就在於此。有的人認為只要心裡有了就行，不需要外在的表達形式，殊不知外在的形式才能反映你的內心。連形式都沒有，別人怎麼知道你怎麼想的呢？心裡所想不表達出來，別人怎麼會知道呢？很多知識份子對傳統文化一無所知，這是很嚴重的問題。

　　傳統與現代、科學與人文需要兼顧。中國的文化是多元並存、相互平衡的文化。中國的文化發展

過程中存在很多不平衡的現象，中西文化發展不平衡，許多人對西方文化比較瞭解，但對中國文化知之甚少。科技文化與人文文化發展不平衡，人們注重科技文化，忽視人文文化。經濟發展與文化發展之間失衡，許多時候把文化也當作經濟來發展，那也是一種病態。我們應該讓傳統與現代、科學與人文恢復平衡。

中國文化如何走出去

中國與其他國家進行文化交流不一定只靠孔子學院，其實交流的途徑還有很多，交流的內容也很豐富。說到「軟」實力，軟在我們理不直氣不壯，我們總是去迎合別國的口味。傳播中國的文化，就應該以我國文化為主。每年都有交流團出國，但許多人的指導思想是要迎合別國，而別國卻恰恰不需要迎合。來中國交流的外國人是來看我們有什麼特別的東西，可以借鑒學習。有一些外國人看不起中國人，認為中國許多東西都是模仿、抄襲，沒有自己獨創、獨立性的東西，也有一些外國人對我們的傳統文化很感興趣。但是，我們對自己的傳統文化卻存在模糊、片面的理解，有的人甚至根本看不起自己的傳統文化。一個研究科學史的學者就曾說

過：「中醫陰陽五行的那套說法，打死我也不會認同的。」我們給外國人講陰陽五行，有的一下子就接受了；給中國人講，國人反而聽不懂。我們還有什麼地道的中國文化走出去了呢？有人說我們的國樂走出國門了，但現在中國的樂律其實絕大部分都變成了西洋的樂律了，我們其實沒有把真正體現中國文化精神的東西傳到國外。

經濟全球化後，資訊交流更方便快捷了，古代流行的東西可能要過幾十年、幾百年才能傳播到另一個地方，現在只需要幾秒鐘全世界就都傳遍了。文化會不會趨同呢？現實生活中，的確有很多人為追求時髦，把自己傳統文化都拋棄掉了。有些學者主張文化要尋根，不能把根丟掉。我很贊同這個觀點，跟世界接軌不是消除自己的特點，而是要讓現代人認識、接受我們的傳統文化，但是也不一定要普遍接受。我們存在很多思想誤區，例如，有的東西一被評定為非物質文化遺產，就想盡辦法要把它變成全民文化。我覺得越是這種文化就越是小眾的，把小眾的文化變成大眾的，無形之中這種文化就被搞沒了。正因為它是小眾文化，所以我們才要保護它。我覺得非物質文化遺產不絕如縷就可以了，把傳統文化的種子一代一代傳承下去，而不是

一下子把它變成大眾都熱熱鬧鬧搞的東西。不求**轟轟烈烈**，但求不絕如縷，這是我對非物質文化遺產的基本看法，這樣它才能保留今人要借鑒的東西。

在對外文化交流方面，除了藝術之外，還有中醫，中醫在世界上的影響力是很大的，國外從事中醫事業的人比國內的要多，其中很多人是從國內出去的，也有外國當地的。中醫現在在世界上除了中藥沒有被完全認同外，中醫的針灸、推拿、按摩、心理治療都被普遍接受，而且越來越被看好。有一個自然醫學派，其理論都出自中醫，它七條總的原則跟中醫是一樣的，比如說在條件允許的情況下，能不用藥儘量不用藥；治病要找原因，不能只找它表現的症狀；醫生不應該只是開藥的，而是指導人們正確地生活的老師。有一次，我在中醫會上提出，重要的不是強調中醫的「技」，而是強調它的「道」，要傳播中醫文化，而不是只偏重中醫治療。

中國其實有很強的文化軟實力，但在文化傳播的時候只是從「藝」和「術」的層次出發，沒有從「道」的文化層次去全面考慮。中醫文化裡面也不要只是宣傳怎樣治病，而是要讓人不得病，中醫文化的核心是養生文化。中國文化裡的儒、佛、道、醫、武都有養生文化，中醫的養生文化應該是融會

貫通這五家文化的產物。「夫使天下畏刑而不敢盜，豈若能使無有盜心哉？」（《淮南子‧精神訓》）當然是沒有盜心好，就不用去防備、懲罰了。得了病去治好，還是不得病好呢？當然是不得病好，所以聖人不治已病治未病。

結語
中國知識份子的天下情懷

　　中國文人的志向有各種不同的表達形式，例如，張載的四句教「為天地立心，為生民立命，為往聖繼絕學，為萬世開太平」，不就是文人的志向嗎？范仲淹的「先天下之憂而憂，後天下之樂而樂」，也是文人的一種志向。

　　《大學》提出了三綱八目，強調了修己的目的是為了治國平天下。要求知識份子不要孤立，不要墨守陳規，要跟大眾打成一片，要棄舊圖新、去惡從善。「明明德、親民、止於至善」這三個綱領是人應該達到的目標。「明明德」就是把美好的、光明的、能夠照耀天下的品德發揚出來，「親民」也可以解釋為新民或近民，不管哪種解釋，都是文人的一種

志向。知識份子不是孤立的，不是不變的，是在永遠前進的，是要跟大眾打成一片的。然後是要達到「至善」，這是人生最高的理想追求。

《大學》還說：「古之欲明明德於天下者，先治其國。欲治其國者，先齊其家。欲齊其家者，先修其身。欲修其身者，先正其心。欲正其心者，先誠其意。欲誠其意者，先致其知。致知在格物。」格物、致知、誠意、正心、修身、齊家、治國、平天下，這「八條目」是實現「三綱領」的具體步驟。「八條目」的中心環節是修身。其中格物、致知、誠意、正心、修身是內聖的功夫，齊家、治國、平天下是外王的功夫。中國知識份子不能僅僅提升自己的修養，對外體現在哪裡呢？就體現在「齊家、治國、平天下」上，把家齊好，把國治好，把天下平了，這才說明文人的修養有用。「八條目」是一個內聖外王的功夫，目的是達到前面的「三綱領」，這也可以說是文人的一種志向。

中國文人常有的一種憂患意識，總是看到社會方方面面和人類本性中惡劣的方面、不完美之處，希望通過自己的努力去改造社會，這也是中國知識份子的一種天下情懷。

附錄
中國文化中的儒、釋、道

　　中國文化源遠流長，博大精深。在其長期的歷史發展過程中，不僅產生了眾多的本土學派，也不斷有外來文化的傳入，這些不同的學派和文化，在矛盾衝突中相互吸收和融合，其中有的豐富了、發展了、壯大了，有的則被吸收了、改造了、消失了。大約從東晉開始至隋唐時期，中國文化逐漸確立了以儒家為主體，儒、釋、道三家既各自獨標旗幟，同時又合力互補以應用於社會的基本格局。中國文化的這一基本格局，一直延續到了十九世紀末，乃至二十世紀初，歷時一千六百年左右。可以說，中國傳統文化是儒、釋、道三家鼎足而立、互融互補的文化。但是由於儒家長期被封建統治者尊

奉為正統這一事實，一部分學者常常只強調以儒家作為中國文化的代表，而忽視或輕視佛道二家在中國傳統文化中的巨大作用。這種觀點過分偏重于中國文化中的政治制度和宗法倫理層面，並把其他層面的文化現象也都納入到政治和倫理的框架中去考察和理解。這就把豐富多彩、生氣勃勃的中國文化描繪成單調枯燥、死氣沉沉的模樣了，顯然是不夠全面的。因此，無論從哪一個角度來考察中國文化，撇開佛道二家是無法理解中國文化的多彩樣式和豐富內容的，更是無法全面深刻把握中國文化的真正精神的。

需要說明的是，這裡所說的儒、釋、道，主要不是指原始形態意義上的儒、釋、道，而是指隨著歷史的前進，不斷融攝了其他學派思想，並具有鮮明時代特徵的、發展了的儒、釋、道。因此，我們要比較準確和深入把握中國文化，就必須瞭解儒、釋、道三家各自發展的脈絡，以及三家之間的糾葛—矛盾鬥爭與調和融合。本文即想就此問題作一簡要的介紹和評述，以供有興趣研究或希望瞭解中國文化的人們參考。

一、在我國歷史上，西周以前，學在官府。東周以後，學術逐步走向民間。春秋後期已出現頗有

社會影響的儒家、墨家等不同學派，而至戰國中期則出現了諸子百家爭鳴的局面，學派紛呈，學說豐富多彩，為中國文化的發展奠定了寬廣的基礎。司馬遷在《史記》中引述了其父司馬談對學術流派的見解，他把先秦以來的學派總歸納為六家，即：陰陽、儒、墨、名、法、道德。司馬談引用《繫辭》「天下同歸而殊途，一致而百慮」的說法，認為這六家的學說都是為了安邦治國，他們各有所見，也各有所偏。而由於當時社會上崇尚黃老之學，司馬談也標榜以道家學說統攝各家。他認為，道家「因陰陽之大順，采儒墨之善，撮名法之要」，所以能「與時遷移，應物變化，立俗施事，無所不宜」。總之，道家是「指約而易操，事少而功多」（《史記‧太史公自序》）。然而，班固在《漢書》中則把先秦以來的學派歸納為十家，即：儒、道、陰陽、法、名、墨、縱橫、雜、農、小說。但接著他又說，十家中「可觀者九家而已」（即除去小說家），而各家則都是「各引一端，崇其所善」。他同樣也引用了上述《繫辭》的話，不僅認為各家學說都有其所長和所短，而且還強調說：「其言雖殊，辟猶水火，相滅亦相生也」，「相反而皆相成也」。由於當時社會已以儒學為上，所以班固也竭力推崇儒家，認為儒

175

學「于道最為高」(《漢書・藝文志》)。

這二位傑出的史學家、文學家、思想家,一位論六家,以道家為統;一位明九家,以儒家為高。他們觀點的不同,如前所說,反映了不同時代的學術風尚和他們個人不同的學術師承背景。而他們之所以分別揭櫫出道家和儒家為諸子百家的統攝者,如果從學術發展的內在規律分析,正是反映了在諸子百家眾多的學派中,儒、道二家思想是最為豐富的。不僅如此,儒、道二家還具有極大的包容性和自我發展、不斷更新的內在機制,所以逐漸成了諸子百家眾多學派的代表者。

事實上,自戰國中期以後,學術界就呈現出紛紜複雜的情況。一方面,各學派內部的大分化;另一方面,與此同時也出現了各學派之間相互滲透、彼此融合的發展趨勢。中國文化就是在這諸子百家的學派分合之中不斷地發展、豐富起來的。

兩漢是儒、道二家廣泛吸收諸子百家,充分發展、豐富自己,並確立自己作為中國文化代表學派地位的時期。

漢初統治者為醫治秦末苛政和戰亂造成的社會民生極度凋敝的狀況,採用了簡政約法、無為而治、與民休息的政策以恢復社會的生機。與此相

應，在文化思想上則大力提倡道家黃老之學。此時的道家黃老之學，處於社會文化思想的代表和指導地位，因此必須處理好道家與其他學派的關係問題。社會對思想文化的需要是多樣的、豐富的，而不是單一的，然而誠如許多中國思想家所說的，這種多樣性又需要「統之有宗，會之有元」（《周易略例·明象》），即需要有一個為主的指導者。不過，這種「統」和「會」絕不是以一種樣式去排斥或替代其他的樣式。因為，如果把其他樣式都排斥掉了，只剩下了自己一種樣式，那也就不存在什麼「統」和「會」的問題了。漢初道家黃老之學，正如司馬談所描述的，廣采了陰陽、儒、墨、名、法各家之長，正是這種容納、吸收和融合的精神，使得道家學說不僅成為當時社會的指導思想，同時也成為整個中國文化精神的集中代表者之一。

儒家之所以能成為中國文化的主要代表者，也有著與道家的相同經歷。漢初儒家受荀子學說影響很大，如「六經」之學中的易、詩、禮、樂等學，都有荀學的傳承，而荀子禮法兼用的思想也普遍為漢儒所接受。西漢大儒董仲舒建議武帝「諸不在六藝（六經）之科，孔子之術者，皆絕其道，勿使並進」，為以後武帝「罷黜百家，獨尊儒術」之所

本。然而，從董仲舒本身的思想來說，也早已不是單純的原始儒學了。他不僅大力宣導禮法、德刑並用的理論，而且大量吸收墨家的「兼愛」、「尚同」理論，乃至墨家某些帶有宗教色彩的思想。而更為突出的是，在他專攻的春秋公羊學中，充滿了陰陽家的陰陽五行學說，使陰陽五行思想成為儒家學說中的一個有機組成部分。班固說「董仲舒治公羊春秋，始推陰陽，為儒者宗」（《漢書·五行志上》），就明確地指出了這一點。由此可見，經由董仲舒發展而建立起來的漢代儒學，如同漢初的道家黃老之學一樣，也是廣采了陰陽、墨、名、法、道各家之長的。同樣也正是這種容納、吸收和融會的精神，使儒家學說不僅成為當時社會的指導思想，同時也成為整個中國文化精神的集中代表者之一。

二、道家思想的核心是無為，主張順自然、因物性；而儒家思想的核心是有為，強調製名（禮）教、規範人性。這兩種類型思想的不同和對立是顯而易見的，而兩者在歷史上相互補充、相互吸收共同構成中國文化的基本格局、中華民族的主要精神，同樣也是顯而易見的。誠如班固所說：「其言雖殊，辟猶水火，相滅亦相生也」，「相反而皆相成也」。同時必須說明的是，儒、道兩家的核心思想也

不是絕對不可調和或相互融攝的。

人們經常把道家的無為理解為一種消極逃避，什麼都不去做。其實，這很不全面，也不準確。應當指出，在道家內部存在著消極無為和積極無為兩種不同的學說，他們對於無為思想精神的理解是很不相同的。道家的莊子學派總的說來比較偏向於消極的無為，他們追求一種「墮肢體，黜聰明」的「坐忘」（《莊子·大宗師》）和「形如槁木」、「心如死灰」的「吾喪我」（《莊子·齊物論》）的自我陶醉的精神境界。而道家的老子學派所說的無為就不完全是消極的了。老子所謂的無為，主要是「輔萬物之自然而不敢為」（《老子》六十四章）。他強調的是「生而不有，為而不恃，長而不宰」（《老子》五十一章），和「不自見」、「不自是」、「不自伐」、「不自矜」（《老子》二十二章），即不自作聰明、不自以為是、不自居功勞、不自我誇耀。所以，老子的無為並不是什麼也不為，而是主張為而不恃，是要以退為進、以曲求全、以柔勝剛。荀子在批評莊、老二家學說時，一則說「莊子蔽於天而不知人」（《荀子·解蔽》），一則說「老子有見於詘（曲），無見於信（伸）」（《荀子·天論》），對於兩者思想精神的不同之處，抓得相當準確，點得十分明白。

韓非在吸收老子無為思想時，強調的只是君道的無為，而臣道是應當有為的。韓非認為，君主的任務主要是把握原則、任用百官，如果事必躬親，不僅忙不過來，也做不好，而更嚴重的是，它將極大地妨礙和打擊百官的工作積極性和主動性。所以，君道的無為可以更好地發揮臣下的積極性和主動性。

漢初黃老之學所強調的無為而治，又進一步表彰臣道的無為。漢初的主要政治經濟政策是與民休息，強調盡可能少地去擾民，充分調動和發揮百姓們的積極性和主動性，以利社會秩序的穩定和經濟的復蘇。漢初黃老之學同時表彰臣道無為，正是出於這樣的背景。今存《淮南子》一書中，保存了不少漢初黃老的學說，其中論及無為思想處，有許多積極的方面。如其說：「無為者，非謂其凝滯而不動也，以言其莫從己出也。」（《淮南子‧主術訓》）總而言之，「所謂無為者，不先物為也；所謂無不為者，因物之所為也。所謂無治者，不易自然也；所謂無不治者，因物之相然也」（《淮南子‧原道訓》）。這裡所講的無為，都具有相當積極的含義，是很值得我們注意的。

由此可見，道家的無為思想並不是與有為截然

不相容的，而從其積極精神方面講，道家的無為是為了達到更好的有為，乃至於無不為。

同樣，儒家的有為思想也不是截然排斥無為的。儒家主要經典《論語》，也記載有孔子稱頌天道自然無為的言論，如說：「天何言哉？四時行焉，百物生焉，天何言哉！」（《論語·陽貨》）同時，他也讚揚效法天道無為的堯舜，如說：「大哉，堯之為君也！巍巍乎，唯天為大，唯堯則之。蕩蕩乎，民無能名焉。巍巍乎，其有成功也。煥乎，其有文章。」（《論語·泰伯》）又說：「無為而治者，其舜也與！夫何為哉？恭己正南面而已矣！」（《論語·衛靈公》）儒家對於自然界的法則也是極為尊重的，強調人類在生產活動中一定要按自然界的法則去行動。如荀子說：「養長時則六畜育，殺生時則草不殖。」「草木榮華滋碩之時，則斧斤不入山林，不夭其生，不絕其長也。黿鼉魚鱉鰍鱔孕別之時，網罟毒藥不入澤，不夭其生，不絕其長也。春耕、夏耘、秋收、冬藏，四者不失時，故五穀不絕，而百姓有餘食也。汙池淵沼川澤，謹其時禁，故魚鱉優多，而百姓有餘用也。斬伐養長不失其時，故山林不童，而百姓有餘材也。」（《荀子·王制》）這些防止人類有為活動的隨意干預，積極尊重

自然法則的無為思想，是儒、道兩家一致認同的。

三、力圖把儒、道兩家思想融通為一，而且獲得相當成功的，是魏晉時代的玄學。中國傳統文化是一種具有強烈現實性和實踐性性格的文化，中國傳統哲學所討論的理論問題，主要是那些與現實實際生活密切相關的實踐原則。即使被人們稱之為「清談」、「玄遠」的玄學，也不例外。人們所熟知的，玄學討論的有無、本末、一多、動靜等抽象理論問題，其實無一不與解決名教與自然的關係這一現實的社會、人生問題有關。

所謂名教與自然的關係問題，也就是社會規範與人的本性的關係問題。眾所周知，任何一個人都是生活在一定的社會經濟、政治、人際等關係之中的，要受到社會職業、地位、法律、道德等的制約。因此，人都是社會的人。但同時，每一個人又都是有其各自的性格、獨立的精神世界和意志追求的，因此，人又都是個體的人。人的這種兩重性，構成了現實生活中社會和個人之間複雜的矛盾關係。探討個人與社會的矛盾關係，是中外古今思想家、哲學家最為關心的問題之一。而在中國傳統哲學中則尤為關注，可說是它的一個中心議題，有著極為豐富的理論。我們在上面提到過，儒家強調製

名（禮）教以規範人性，道家則主張順自然而因物性。所以，名教與自然分別是儒、道兩家的理論主題和爭議焦點之所在。

儒家認為，社會的人重於個體的人，個人服從社會是天經地義的事，因而著重強調個人對於社會的責任和義務。所謂名教者，即是用倫理規範和法律制度規定每一個人在社會上的名分地位，以及與其名分地位相應的責任和義務。然後，以此去要求和檢驗社會每一個成員的行為，進而達到協調人際關係，安定社會秩序的目的。所以，當子路問孔子說：「衛君待子而為政，子將奚先？」孔子毫不猶豫地回答：「必也正名乎！」（《論語‧子路》）把重新確定社會成員的名分問題，作為「為政」的第一大事。而孔子在回答齊景公問政時所說的「君君、臣臣、父父、子子」（《論語‧顏淵》），則正是「正名」的具體內容和期望達到的社會效果。儒家名教理論產生於封建時代，是為維護封建統治秩序服務的。在近代反封建的革命中受到激烈的抨擊是完全理所應當的，毫不奇怪的。不過我們說，把社會的某一個（或某一部分）成員定死在某一固定的名分地位上，不許其變動，這是不合理的，也是在實際上做不到的。我國古代思想家早就認識到了「社稷

無常奉，君臣無常位，自古以然」（《左傳》昭公三十二年）這樣一個真理。但同樣不可否認的是，社會中的每一個成員，在一定的時間空間中，又必定是處於某一確定的名分地位之中的。而在一定的社會歷史背景下，如果社會的每一個成員都不能各安其名位，各盡其職責，那麼這個社會肯定是不會安寧的，也是不可能發展的。因此，在一定的社會歷史背景下，社會成員的各安名位、各盡職責是社會發展和前進的必要條件。從這一角度講，儒家的名教理論也有一定的合理性。此外，還需說明一點的是，儒家名教理論也不是絕對排斥個人作用的。就其強調調動每個人的道德自覺性這一點來說，儒家比任何其他學派更重視個人的主觀能動性和意志力。然而，從總體上來說，儒家名教是輕視個人利益，抑制個人意志自由發展的。這方面的片面性，也正是儒家名教理論不斷遭到反對和批判的原因。

道家，尤其是莊子學派，認為個體的人高於社會的人。他們主張順自然而因物性，也就是說應當由著個人的自然本性自由發展，而不應當以社會禮法等種種規範去干預和束縛個人的行為。老子說：「大道廢，有仁義；慧智出，有大偽；六親不和，有孝慈；國家昏亂，有忠臣。」（《老子》十八章）又

說：「故失道而後德，失德而後仁，失仁而後義，失義而後禮。」（《老子》三十八章）這是說，老子把社會禮法制度和規範的出現，歸結為人類自然本性的不斷自我喪失。這裡包含了一種原始素樸的「異化」思想。老子的理想是，希望人們通過「絕聖棄智」、「絕仁棄義」、「絕巧棄利」、「少私寡欲」（《老子》十九章）等去克服和阻止「異化」，以期達到返璞歸真，複其自然。莊子認為，任何社會禮法制度和規範都是束縛人的自然本性自由發揮的桎梏，因此必須予以徹底破除。他以「天」喻人的自然本性，以「人」喻社會的制度規範，用寓言的形式，借牛馬作比喻，通過北海若之口說：「牛馬四足是謂天，落（絡）馬首、穿牛鼻是謂人。故曰無以人滅天。」（《莊子‧秋水》）這裡，他明確地提出了不要用社會禮法制度規範來磨滅人的自然本性的思想。莊子嚮往的是一種不受任何限制和約束（「無所待」）的絕對自由─「逍遙遊」。而當他的嚮往在現實社會中行不通時，他就教人們以「齊物論」─相對主義的方法，從認識上去擺脫一切由於分別善惡、是非、利害等等而帶來的種種糾葛和苦惱，然後藉以獲得主觀精神上的自我滿足。道家的自然理論，在重視個人性格和意志方面有其合理性和積極

意義。但他過分誇大個人意志與社會規範之間的矛盾對立，想把個人從社會中脫離出來，則又顯然走向了另一個片面。

玄學在理論上的任務，就是如何把名教與自然之間的矛盾和諧地統一起來。儒家名教理論沿襲至漢末，已流弊叢生。它不僅作為統治者壓迫、鉗制人民的手段，使人們的個性、意志受到摧殘，而且還成為某些詐偽狡黠之徒沽名釣譽、欺世盜名的工具，使社會風氣遭到極大的腐蝕。玄學承漢末名教之弊而起，所以首先都肯定人的自然本性的根本性和合理性，讚揚和提倡道家的自然理論。而同時則努力調和自然本性與名教規範之間的矛盾，使之協調統一起來。玄學內部存在著各種不同的流派，但他們理論上有一共同之點，即都主張以自然為本，名教為末（用），強調以本統末，以用顯本，本不離末，用不異本。

玄學的開創人之一，漢魏的王弼認為，喜怒哀樂等是人人都具有的自然本性，即使是聖人也不例外。他指出，從根本上來說，人的道德行為都是人的真實感情的自然流露，如對父母的「自然親愛為孝」（《論語釋疑》）。因此，社會的一切名教規範都應當是體現人的自然本性的，也只有以人的自然

本性為根本，才能更好地發揮名教的社會作用。他激烈批評那種離開人的自然本性，而去一味追逐表面道德名聲的社會腐敗風氣。他認為，這種捨本逐末的做法是根本違反道德名教的本意的，也是造成社會風氣虛偽，名教制度弊端叢生的根本原因。對此，他作了明確的理論說明。如說「守母以存其子，崇本以舉其末，則形名俱有而邪不生，大美配天而華不作」。具體來說，「各任其貞事，用其誠，則仁德厚焉，行義正焉，禮敬清焉」。反之，如果「舍其母而用其子，棄其本而適其末，名則有所分，形則有所止。雖極其大，必有不周；雖盛其美，必有患憂」。具體來說，「棄其所載，舍其所生，用其成形，役其聰明，仁則尚焉，義則競焉，禮則爭焉。」（《老子》三十八章注）所以，王弼希望通過「以無（自然）為本」、「舉本統末」的理論，在自然的統攝下發揮名教的正常作用。

玄學的另一位重要代表，西晉的郭象，進一步發展了王弼的理論。他在講本用的關係上，著重強調了兩者不可相離的一體性。他把名教規範直接植入到人的自然本性之中去，認為：「夫仁義自是人之情性，但當任之耳。恐仁義非人情而憂之者，真可謂多憂也。」（《莊子・駢拇》注）這是說，仁義

等道德規範即在人的自然本性之中，所以應當聽任人的本性的發揮，不用擔心它會離開道德規範。他不同意莊子以絡馬首、穿牛鼻為違背牛馬自然本性的說法，而認為：「牛馬不辭穿落者，天命之固當也。苟當乎天命，則雖寄之人事，而本在乎天也。」（《莊子·秋水》注）這就是說，那些符合于自然本性的東西，即使是借助於人為的安排，它也還是根植於自然的。言外之意也就是說，表面上看來是借助於外力的名教規範，其實就存在於人自身的自然本性之中。反過來講，服從於仁義等名教規範，實際上也正是發揮了人的自然本性，是完全合乎人的自然本性的。於是，郭象通過他的「性各有分」、「自足其性」等理論，把外在的名教規範與個人內在的自然本性統一起來，也就是使名教規範獲得一種自然合理的形態，使自然本性在一定的限度內得到自我滿足。

　　東晉的玄學家袁宏，綜合發展了王弼和郭象的理論。他第一次以「道明其本」、「儒言其用」（《後漢紀》卷十二）的明確提法，點出了玄學在對待儒、道兩家關係上的立場。他反復論說「崇長推仁，自然之理也」；「愛敬忠信，出乎情性者也」（《後漢紀》卷三）；「仁義者，人心之所有也」（《後

漢紀》卷二十五）的道理。他毫不隱諱地說：「夫禮也，治心軌物，用之人道者也。」但是，「其本所由，在於愛敬自然，發於心誠而揚於事業者」。於是，「聖人因其自然而輔其性情，為之節文而宣以禮，物於是有尊卑親疏之序焉」（《後漢紀》卷十三）。他還說：「夫君臣父子，名教之本也。然則，名教之作，何為者也？蓋准天地之性，求之自然之理，擬議以制其名，因循以弘其教，辯物成器，以通天下之務者也。」（《後漢紀》卷二十六）這段話可以說是對玄學關於名教與自然合一理論的總結性論述。

以融合儒、道兩家思想為基本特徵的玄學理論，對於中國傳統哲學，乃至整個中國傳統文化的某些基本性格與精神的形成，有著重要的、決定性的作用。這一點是治中國哲學或中國文化者不可不知的。我在一篇題為《玄學與中國傳統哲學》的論文中（《北京大學學報（哲學社會科學版）》1988年第1期）舉出兩點為例，以說明玄學的歷史作用和理論地位。第一點是說，由玄學發展起來的「自然合理」論，確立了中國傳統哲學的基本理論形態之一，形成了中國傳統文化注重自然法則、人文理性而宗教觀念相對淡薄的基本性格。第二點是說，玄

學認知方法上的「忘象（言）得意」論，構成了中國傳統哲學中最主要的思維方式之一，奠定了中國傳統文化藝術的主要特點和根本精神，有興趣者可找來一讀。

四、佛教是在兩漢之際由印度傳入的外來文化。當其傳來之初，人們對它瞭解甚淺，把它看成與當時人們所熟悉的黃老之學、神仙方術相類似的學說。如袁宏說：「佛者，漢言覺，將以覺悟群生也。其教以修善慈心為主，不殺生，專務清淨。其精者號為沙門。沙門者，漢言息心，蓋息意去欲，而歸於無為也。……故所貴行善修道，以煉精神而已；以至無為而得為佛也。」（《後漢紀》卷十）漢末、三國時期，佛經已漸有翻譯，迨至東晉時期，則開始了大規模佛經傳譯的工作。其間，姚秦時著名佛經翻譯家鳩摩羅什及其弟子所翻譯的佛經，以譯文傳意達旨，譯筆優美通暢，而廣為傳誦，影響至今猶存。它對於佛教在中國的傳播和發展，發揮了重要的作用。這時，東來傳教的高僧日多，本土的出家僧眾也激增，其間有不少的飽學大德，因此，佛教在社會上的影響迅速擴大。東晉南北朝以來，隨著佛教影響的擴大，隨著本土人士對佛教教義的深入瞭解，佛教這一外來文化與本土文

化之間的差異和矛盾就暴露出來了。接著，兩者之間的衝突，也就不可避免地爆發了。由於當時中國本土文化以儒、道為代表的格局已經形成，所以佛教與本土文化之間的矛盾衝突，也就表現為佛、道與佛、儒之間的矛盾衝突。

這裡所說的佛、道衝突中的道，已不單是指先秦的老莊、漢代的黃老等道家，它同時也包括了東漢末產生的道教，而且從形式上來看，更多地是與道教的矛盾衝突。佛教與道教的矛盾衝突，雖然也有因教義上的不同而引起的鬥爭，但道教主張長生久視、肉體成仙，而佛教則宣揚諸行無常、涅寂滅，這樣兩種根本相反的解脫觀，自然是會發生衝突的。但佛道兩教之間的衝突，更多的卻是發生在爭奪社會地位上。從南北朝至五代，先後發生過四次較大規模的滅佛運動，佛教中人稱之為「三武一宗法難」。這四次滅佛運動都是有其深刻的社會政治、經濟原因的，但其中前兩次的滅佛運動，即北魏太武帝太平真君七年和北周武帝建德二年那兩次，則又是與道教的爭奪統治者的崇信，確立其社會的正統地位直接有關。唐武宗會昌五年的那次滅佛運動，其中也有道教人士參與勸諫。只有五代後周世宗的廢佛運動，未見有道教的參與。在兩教爭

正統的鬥爭中，雙方都編造了不少荒誕的謊言來互相攻擊，抬高自己。如，道教編造《老子化胡經》等，謊稱老子西行轉生為釋迦佛；佛教也如法炮製偽造各種文獻，或聲稱老子轉世為佛弟子迦葉，或分派迦葉轉生為老子等等。諸如此類，不一而足，沒有什麼價值。

佛教與儒家的衝突，最直接的是佛教的出世主義、出家制度明顯有違於儒家提倡的倫理綱常等禮教。兩家鬥爭的焦點，也就主要集中在佛教的出世出家是否違背了中國傳統的孝道和忠道。在這一鬥爭中，堅持儒家立場者，激烈抨擊佛教的出家制度教人剃鬚髮、不娶妻、不敬養父母等，完全違背了孝道；而出世主義則不理民生、不事王事、不敬王者等，又完全違背了忠道。因而極貶佛教為夷教胡俗，不合國情，必欲消滅之而後快。站在佛教立場者，為求得在中國的生存，則竭力採取調和態度，辯明其不違中國禮俗之根本。如東晉著名高僧慧遠就申辯說：「悅釋迦之風者，輒先奉親而敬君；變俗投簪者，必待命而順動。若君親有疑，則退求其志，以俟同悟。斯乃佛教之所以重資生，助王化於治道者也。」（《沙門不敬王者論‧在家一》）這是說，信佛教者是把奉親敬君放在第一位的，如果得

不到君親的同意或信任，則要退而反省自己的誠意，直到雙方都覺悟。這也就是佛教對於民生、治道的裨益。他還說，出家人雖然在服飾上、行為上與在家人有所不同，但他們有益民生、孝敬君親，與在家人沒有兩樣。所以說：「如令一夫全德，則道洽六親，澤流天下，雖不處王侯之位，亦已協契皇極，在宥生民矣。是故內乖天屬之重，而不違其孝；外闕奉主之恭，而不失其敬。」（《沙門不敬王者論·出家二》）

從理論方面講，當時佛教與儒道的鬥爭主要集中在神的存滅、因果報應等問題上。成佛是佛教徒的最高理想，對此問題，當時的中國佛教徒提出了一種「神明成佛」的理論。梁武帝蕭衍甚至專門寫了一篇題為《立神明成佛義記》的論文來發明此義。他在文中說：「源神明以不斷為精，精神必歸妙果。妙果體極常住，精神不免無常。」這裡所謂「神明」，指人的靈魂；「不斷」，是不滅的意思；「妙果」，則即指成佛。這句話的意思是說，人的靈魂要修煉到不滅，才可稱作「精」；這種「精」的「神」，最終必定成就佛果。佛果為徹悟之體，所以永恆不變；精神則尚處於過程之中，不能免於流動變遷。沈績對這句話注解道：「神而有盡，寧為神

乎？故經雲：吾見死者形壞，體化而神不滅。」他
引經據典地說明了「形壞神不滅」的論點。當時
的儒、道學者則針鋒相對地提出了「形神相即」、
「形質神用」、「形死神滅」等觀點。又，佛教講因
果報應，特別是講三世報應，這也是與中國傳統觀
念不一致的。佛教的業報，強調自己種下的因，自
己承受其果報。有的現世受報，有的來世受報，有
的則經過二生三生，乃至百生千生，然後才受報。
而在中國傳統觀念中，則盛行著「積善之家，必有
餘慶；積不善之家，必有餘殃」（《周易·坤卦·文
言》）的教訓。即祖先積善或積不善，由子孫去承受
福或禍，而主要不是本人去承受。所以，晉宋齊梁
期間圍繞神滅、神不滅和因果報應等問題曾展開了
一場激烈的鬥爭。

　　在佛教與儒、道發生矛盾衝突的同時，更值得
注意的是佛教與儒、道之間的相互滲透和融合。這
裡，我們首先從佛教方面來看一下這種滲透和融
合。佛教傳入之初，為使中國人理解這一外來宗教
的思想，借用了大量的儒、道所用的傳統名詞、
概念來比附譯釋佛教的一些名詞、概念。此即所
謂「格義」的方法。如，以無釋空，以三畏（《論
語·季氏》：「孔子曰：君子有三畏：畏天命，畏大

人，畏聖人之言。」）擬三歸（歸依佛、法、僧），以五常（仁、義、禮、智、信）喻五戒（去殺、盜、淫、妄言、飲酒）等。這種借用現象，在對外來文化的傳譯初期是不可避免的。然而，由於佛教傳入初期，人們對其瞭解不深，這種名詞、概念的借用，也就給一般人帶來了不少的誤解。而這種誤解，也就使儒、道的思想滲入到佛教之中。陳寅恪先生在其所著《支湣度學說考》一文中，舉出《世說新語》劉孝標注所引當時般若學中的心無義曰：「種智之體，豁如太虛。虛而能知，無而能應。居宗至極，其唯無乎？」然後評論說：「此正與上引《老子》（『天地之間，其猶橐籥乎？虛而不屈，動而愈出。』）、《周易·繫辭》（『易無思也，無為也。寂然不動，感而遂通天下之故。非天下之至神，其孰能與於此。』）之旨相符合，而非般若空宗之義也。」陳先生的評論是很深刻和正確的。

如果說，這種初期的融入尚是不自覺的話，那麼後來佛教為了在中國紮下根來，則進行了自覺的、主動的融合。首先在譯事方面，佛教學者總結了「格義」法的缺陷，以及在翻譯中過分講求文辭，而忽略其思想意義等問題，主動積極地吸收和提倡玄學「得意忘象（言）」的方法，以領會佛典所

傳達的根本宗旨和思想精神。正如東晉名僧道生所說的：「夫象以盡意，得意則象忘。言以詮理，入理則言息。自經典東流，譯人重阻，多守滯文，鮮見圓義。若忘筌取魚，始可與言道矣！」（《高僧傳》卷七）又如，東晉名僧僧肇，深通老莊和玄學，他的著作《肇論》，借老莊玄學的詞語、風格來論說般若性空中觀思想。在使用中國傳統名詞和文辭來表達佛教理論方面，達到了相當高妙的境地，深契忘言得意之旨。所以說，玄學對於佛教的影響是很深的，它在連接佛教與中國傳統文化方面起了重要的橋樑作用。當然，反過來佛教對於玄學的影響也是十分巨大的。兩晉之際，玄學家以佛教義理為清談之言助，已在在皆是，玄佛融合成為東晉玄學發展的一個重要趨勢。

在中國儒、道、玄思想的影響下，原印度佛教的許多特性發生了重大的變化。諸如，印度佛教雜多而繁瑣的名相分析，逐漸為簡約和忘言得意的傳統思維方式所取代；印度佛教強調苦行累修的解脫方法，則轉變為以智解頓悟為主的解脫方法；印度佛教的出世精神，更多地為世出世不二，乃至積極的入世精神所取代，等等。而在理論上則更是廣泛地吸收了儒家的心性、中庸，道家的自然無為，甚

至陰陽五行等各種思想學說。正是經過這些眾多的變化，至隋唐時期，佛教完成了形式和理論上的自我調整，取得了與中國傳統文化的基本協調，形成了一批富有中國特色的佛教宗派，如：天臺宗、華嚴宗、禪宗、淨土宗等。佛教終於在中國紮下了根，開出了花，結出了果。與此同時，佛教的影響也不斷地深入到了人們的日常衣食、語言、思想、文學、藝術、建築，乃至醫學、天文等各個方面。至此，佛教文化已成為整個中國文化中可以與儒、道鼎足而立的一個有機組成部分。唐宋以來的知識份子，不論是崇信佛老的，還是反對佛老的，無一不出入佛老。也就是說，這時的佛教文化已成為一般知識份子知識結構中不可或缺的一個部分。可以毫不誇張地說，要想真正瞭解和把握東晉南北朝以後，尤其是隋唐以後的中國歷史、文化，離開了佛教是根本不可能的。

五、佛教文化在中國的生根和發展，對於中國傳統的儒、道思想也發生了深刻的影響，促使它們在形式和理論上自我調整和發展更新。

由於漢末道教的創立和發展，此後道家的問題變得複雜起來了。道教是在雜糅原始宗教、神仙方術、民間信仰等基礎上，附會以道家老子思想為理

論依託而建立起來的。後來又受到佛教的影響，仿效佛教的戒律儀軌、經典組織等，使自己不斷地完善起來。道教尊奉老子為其教主，以老、莊、文、列諸子的著作作為最根本的經典，如尊《老子》為《道德真經》，尊《莊子》為《南華真經》，尊《文子》為《通玄真經》，尊《列子》為《沖虛至德真經》等。所以，就這方面來講，道教與道家是密不可分的，因而在人們平時所稱的儒、釋、道中的道，一般都是含混的，並不嚴格限定它是專指道家還是道教。

其實，道家與道教是有根本區別的。簡而言之，道家是一個學術流派，而道教則是一種宗教。先秦道家，尤其是老子宣導的自然無為主義，在描述道的情況時說「道沖而用之或不盈，淵兮似萬物之宗。……湛兮似或存，吾不知誰之子，象帝之先」（《老子》四章）；而在稱頌道的崇高品德時則說「輔萬物之自然而不敢為」（《老子》六十四章），「生而不有，為而不恃，長而不宰」（《老子》五十一章）等等。這些論述，在當時來講更是具有一定的反宗教意義。即使在道教問世之後，道家與道教無論從形式上或理論上也還是有區別的。如魏晉玄學家王弼、嵇康、阮籍、郭象、張湛等人所發揮的老、

莊、列思想，人們絕不會說他們講的是道教，而必定是把他們歸入道家範疇。反之，對葛洪、陶弘景、寇謙之等人所闡發的老莊思想，則一定說他們是道教，而不會說他們是道家。這倒並不是因為葛洪等人具有道士的身份，而主要是由於他們把老莊思想宗教化了。具體說，就是把老莊思想與天尊信仰、諸神崇拜、修煉內外丹、屍解成仙等道教的種種宗教寄託和目標融合在一起了。而這些在玄學家所發揮的道家思想中是找不到的。以此為基準去判別漢末以後的數以千計的老、莊、文、列的注解釋義著作，那麼哪些應歸入道家，哪些應歸入道教，應當是十分清楚明白的。當然，這種分辨並不涉及這些著作的理論價值的高低評價問題。事實上，在佛教理論的刺激和影響下，道教理論從廣度上和深度上得到了極大的發展，不少道教著作在一些方面對道家思想有很多的豐富和發展，有的甚至對整個中國傳統文化的發展也是有貢獻的。

總之，所謂儒、釋、道中的道，包括了道家和道教。即使當人們把儒、釋、道稱為「三教」時，其中的道也不是單指道教。這裡需要附帶說明的是，中國傳統上所謂「三教」的「教」，其含義是教化的教，而不是宗教的教。當我們總論「三教」

中的「道」時，既要注意道家，也要注意道教，不可偏執；而當我們研究和把握某一具體的著作或思想家時，則應當分清它究竟是道教還是道家，不可籠統。

儒家思想理論在佛教的衝擊和影響下，也有很大的變化和發展。如上面所提到的，東晉以後佛教思想就深入到了社會生活各個領域，尤其是宋元以後的知識份子無一不出入於佛老，這些都還只是現象上的描繪。其實，佛教對儒家最主要的影響是在於它促使儒家對發展和建立形上理論的深入探討。與佛教相比，原始儒家在理論上更注意於實踐原則的探討與確立，其中雖也有一些形上學的命題，但並沒有著意去加以發揮。所以在形上理論方面，原始儒家甚至還不如道家。佛教傳入後，它那豐富深奧的形上理論，給儒家以極大的衝擊和刺激，一度還吸引了大批的優秀知識份子深入佛門，去探其奧秘。而且，確實也由此而湧現出一批積極探討形上理論的儒家學者。唐代著名學者柳宗元，在評論韓愈的排佛論時說，韓愈給佛教所列的罪狀，都是佛教中的一些表面東西，至於佛教內所蘊含的精華，他根本不瞭解。所以說：韓愈完全是「忿其外而遺其中，是知石而不知韞玉也」。實際上，「浮圖誠有

不可斥者，往往與《易》《論語》合，誠樂之，其於性情爽然，不與孔子異道」（《柳宗元集》卷二十五《送僧浩初序》）。這段話表明，柳宗元透過儒、佛表面的矛盾，看到了佛教理論有與儒家思想相合之處，其見地顯然高出韓愈一籌。其實，韓愈雖強烈排佛，但也不能完全擺脫佛教的影響。他所標舉的儒家道統說，與佛教的判教和傳燈思想不能說全無關係。

人們常把宋明理學的萌發，推求于韓愈及其弟子李翱。韓愈對宋明理學的影響，主要在他所標舉的儒家道統說。而李翱對宋明理學的貢獻，則在於他指出了一條探討儒家心性形上理論的途徑。在韓愈那裡，還是遵循比較傳統的儒家思路的，即更注重于具體道德原則的探討。如他在《原道》一文中說「仁與義為定名，道與德為虛位」，對佛、老的去仁義而言道德大加批評，流露出了他對探討形上問題的不感興趣。然而，他的弟子李翱則對探討形上理論表現出極大的興趣。他受佛教的影響，作《複性書》三篇，以探求儒家的形上理論。他在說明他作此文的意圖時說：「性命之書雖存，學者莫能明，是故皆入于莊、列、老、釋。不知者，謂夫子之徒不足以窮性命之道，信之者皆是也。有問

於我，我以吾之所知而傳焉。遂書於書，以開誠明之源，而缺絕廢棄不揚之道，幾可以傳于時。」那麼，他所發掘出來的發揮儒家性命之道的書，是些什麼書呢？從他在《複性書》中所徵引和列舉的看，主要是《易》和《中庸》。以後，宋明理學發揮儒家性理之學以與佛教抗衡，其所依據的基本經典主要也就是《易》和《中庸》等。開創理學的北宋五子（周敦頤、張載、邵雍、程顥、程頤），無一例外地都是借闡發《易》理來建立自己的理論的。理學的集大成者朱熹，則進一步通過系統的闡發，又把「四書」（《大學》《中庸》《論語》《孟子》）也提到了儒家闡發「性命之道」的基本典籍之列。所以把宋明理學的萌發追溯到唐代的韓、李是很有道理的。

理學以承繼堯、舜、禹、湯、文、武、周公、孔、孟的道統和復興儒學為己任。然而，他們所復興的儒學，已不完全是先秦的原始儒學了。一方面，理學的形上理論受玄學影響極深，如玄學所提倡的「自然合理」的理論形態，為理學所積極接受和發展。另一方面，理學受佛教理論的影響也甚多。如理學大談特談的「主靜」、「性體」、「體用一源，顯微無間」、「理一分殊」等等，無一不與

佛教思想有著密切的關係。所以，理學所代表的儒學，在理論形態上與先秦原始儒學存在著不同。先秦原始儒學的許多具體道德規範，到了理學家手中就平添了許多形上學的道理。如，關於「仁」，孔子所論不下數十條，但都是十分具體的。他答顏淵問仁，曰「克己復禮為仁」；答仲弓問仁，曰「出門如見大賓，使民如承大祭。己所不欲，勿施於人。在邦無怨，在家無怨」；答司馬牛問仁，曰「仁者其言也訒」；答樊遲問仁，曰「愛人」（以上均見《論語·顏淵》），曰「先難而後獲」（《論語·雍也》）；答子張問仁，曰「能行五者於天下，為仁矣。⋯⋯曰：恭、寬、信、敏、惠」（《論語·陽貨》）。此外，又如說「夫仁者，己欲立而立人，己欲達而達人」（《論語·雍也》）；「剛、毅、木、訥，近仁」（《論語·子路》）等等，無一不是具體踐行的條目。孟子論仁則除了講「仁者愛人」（《孟子·離婁下》）外，更推及於「愛物」，並與「義」並提，強調「居仁由義」（《孟子·盡心上》），最終具體落實到推行「仁政」等等。可是，到了理學家那裡，情況就大不一樣了。如朱熹釋「仁」，一則說：「仁者，愛之理，心之德也。」（《論語·學而》注）再則說：「為仁者，所以全其心之德也。蓋心之全德，莫非

天理，而亦不能不壞於人欲。故為仁者，必有以勝私欲而複於禮，則事皆天理，而本心之德複全於我矣。」（《論語·顏淵》注）這裡一變而為主要是對「仁」的形上理論的闡發了。這種理論上的差別，也是我們特別需要注意的。

六、綜上所述，中國文化中的儒、釋、道三家（或稱「三教」），在相互的衝突中相互吸收和融合；在保持各自的基本立場和特質的同時，又你中有我，我中有你。三家的發展歷史，充分體現了中國文化的融合精神。經過一千多年的發展，到十九世紀中葉以前，中國文化一直延續著儒、釋、道三家共存並進的格局。歷代統治者推行的文化政策，絕大多數時期也都強調三教並用。南宋孝宗皇帝趙昚說：「以佛治心，以道治身，以儒治世。」（《三教平心論》卷上）這是很具代表性的一種觀點。所以，當人們隨口而說「中國文化是儒家文化」的時候，請千萬不要忘了還有佛、道二家的文化，在國人的精神生活中發揮著巨大的作用。我們說，中華人文精神是在儒、釋、道三教的共同培育下形成的，這話絕無誇張之意。

論中國傳統文化的人文精神

　　中國傳統文化源遠流長，博大精深。然在其久遠博大之中，卻「統之有宗，會之有元」。若由著述載籍而論，經史子集、萬億卷帙，概以「三玄」（《周易》《老子》《莊子》）、「四書」（《大學》《中庸》《論語》《孟子》）、「五經」（《周易》《詩經》《尚書》《禮記》《春秋》）為其淵藪；如由學術統緒而言，三教九流、百家爭鳴，則以儒、道二家為其歸致。東晉以後，歷南北朝隋唐，由印度傳入的佛教文化逐步融入中國傳統文化，釋氏之典籍與統緒因而也就成了中國傳統文化中的一個有機組成部分。儒、釋、道三家，鼎足而立，相輔相成，構成了唐宋以降中國文化的基本格局。所謂「以佛治心，以道治身，以儒治世」，明白地道出了中國傳統文化的這

種基本結構特徵。

中國傳統文化的根本特點之一是：觀念上的「和而不同」和實踐中的整體會通。子曰：「君子和而不同，小人同而不和。」(《論語‧子路》)尚「和」而卑「同」是中國傳統文化中的一個重要觀念，「和」是綜合會通的意思，「同」是單一附和的意思。任何事物，只有不斷地綜合會通才能發展創新，若是一味地單一附和則將萎縮死亡。誠如週末史伯所言：「夫和實生物，同則不繼。以他平他謂之和，故能豐長而物歸之。若以同裨同，盡乃棄矣。」(《國語‧鄭語》)具體地說，在中國傳統文化中，無論是儒、釋、道三家，還是文、史、哲三科，天、地、人三學，雖有其各自不同的探究領域、表述方法和理論特徵，然卻又都是互相滲透，互相吸收，「你中有我，我中有你」，難分難析。這也就是說，人們既需要分析地研究三家、三科、三學各自的特點，更需要會通地把握三家、三科、三學的共同精神。此外，如果說儒、釋、道三家，文、史、哲三科，天、地、人三學等構成中國傳統文化的一個有機整體，那麼對於這個文化整體來講，其中的任何一家、一科、一學都是不可或缺的，否則這一文化整體的特性將發生變異，或者說

它已不再是原來那個文化整體了；而對於其中的每一家、每一科、每一學來講，則都是這一文化整體中的一家、一科、一學，且每一家、每一科、每一學又都體現著這一文化整體的整體特性。唯其如是，對於中國傳統文化的研究，不管是研究哪一家、哪一科、哪一學，我認為，首先是要把握住中國傳統文化的整體精神之所在，否則將難入其堂奧，難得其精義。

一

中國傳統文化如果從整體上來把握的話，那麼人文精神可說是它的最主要和最鮮明的特徵。需要說明的是，這裡所說的中國傳統文化的人文精神與現在所謂的「人文主義」或「人本主義」等概念不完全相同。在中國傳統文化中，「人文」一詞最早見於《周易·彖傳》。孔穎達《周易正義》卷三曰：

> 剛柔交錯，天文也；文明以止，人文也。觀乎天文，以察時變；觀乎人文，以化成天下。

《周易正義》卷三中記載了魏王弼、唐孔穎達對此的解釋：

　　剛柔交錯而成文焉，天之文也；止物不以威武，而以文明，人文也。觀天之文，則時變可知也；觀人之文，則化成可為也。

　　觀乎天文，以察時變者，言聖人當觀視天文，剛柔交錯，相飾成文，以察四時變化。……觀乎人文，以化成天下者，言聖人觀察人文，則詩書禮樂之謂，當法此教而化成天下也。

　　宋程頤的解釋則是：

　　天文，天之理也；人文，人之道也。天文，謂日月星辰之錯列，寒暑陰陽之代變，觀其運行，以察四時之速改也。人文，人理之倫序，觀人文以教化天下，天下成其禮俗，乃聖人用賁之道也。（《伊川易傳》卷二）

　　由以上各家的解釋可見，「人文」一詞在中國傳統文化中原是與「天文」一詞對舉為文的。「天文」指的是自然界的運行法則，「人文」則是指人類社會的運行法則。具體地說，「人文」的主要內涵是指一種以禮樂為教化天下之本，以及由此建立起來的一

個人倫有序的理想文明社會。這裡有兩點需要加以說明：一是人們所講的「人文精神」一語，無疑與上述「人文」一詞有關，抑或是其詞源。但「人文精神」一語的涵義，又顯然要比《周易·彖傳》中「人文」一詞的涵義豐富得多。二是中國傳統文化中人文精神的出現和展開顯然要比「人文」一詞的出現早得多，《周易·彖傳》的面世不會早于戰國末，而中國傳統文化中的「人文精神」，遠則可以追求至中國文化的源頭，近也至少可以推溯到殷末周初。

中國典籍中，很早就有「人」是天地所生萬物中最靈、最貴者的思想。如《尚書·泰誓》中說：

惟天地，萬物之母；惟人，萬物之靈。(《尚書正義》卷十一《泰誓上》)

《孝經》中則借孔子的名義說：

天地之性，人為貴。(《孝經注疏》卷五《聖治章第九》)

這句話中的「性」字，是「生」的意思。宋人邢昺解釋說：

> 性，生也。言天地之所生，惟人最貴也。……
> 夫稱貴者，是殊異可重之名。（同上）

其實，在《孝經》面世之前，荀子也已提出了人最為天下貴的觀點了。他說：

> 水火有氣而無生，草木有生而無知，禽獸有知而無義，人有氣有生有知，亦且有義，故最為天下貴也。（《荀子·王制》）

荀子用比較的方法，從現象上說明了為什麼天地萬物中人最為貴的道理。其後，在《禮記·禮運》中，人們又進一步對人之所以異於萬物的道理作了理論上的說明。如說：

> 故人者，其天地之德，陰陽之交，鬼神之會，五行之秀氣也。
> 故人者，天地之心也，五行之端也，食味、別聲、被色而生者也。（《禮記正義》卷二十二）

這句話中「鬼神之會」的意思，是指形體與精

神的會合。如唐孔穎達解釋說：

> 鬼謂形體，神謂精靈。《祭義》雲：「氣也者，神之盛也；魄也者，鬼之盛也。」必形體精靈相會，然後物生，故雲「鬼神之會」。（同上）

以後，漢儒、宋儒如董仲舒、周敦頤、邵雍、朱熹等，也都不斷地發揮這些思想。如，董仲舒說：「天地之精，所以生物者，莫貴於人。」（《春秋繁露·人副天數》）「人受命於天，固超然異於群生。⋯⋯是其得天之靈，貴於物也。」（《漢書·董仲舒傳》）周敦頤說：「二氣交感，化生萬物，萬物生生，而變化無窮，惟人也得其秀而最靈。」（《太極圖說》）邵雍說：「惟人兼乎萬物，而為萬物之靈。如禽獸之聲，以類而各能其一，無所不能者人也。推之他事亦莫不然。惟人得天地日月交之用，他類則不能也。人之生，真可謂之貴矣。」（《皇極經世書》卷七《觀物外篇上》）正是有見於此，中國古代思想家們認為，人雖是天地所生萬物之一，然可與天地並列為三。如，《老子》書中就有所謂「故道大、天大、地大、王（或作「人」字）亦大。域中有四大，而王居其一焉」的說法，把人與道、

天、地並列。不過,在《老子》書中,道還是最貴的。所以,他接著說的是:「人法地,地法天,天法道,道法自然。」(《老子》二十五章)此文中之「王」,即代表了「人」。所以王弼注此句說:「天地之性人為貴,而王是人之主也。」與《老子》相比,荀子對人在天地中的地位強調得更為突出,論述得也更為明晰。他嘗說:

> 天有其時,地有其財,人有其治,夫是之謂能參。(《荀子·天論》)

這裡的「參」字就是「三(三)」的意思,整句話的意思是說,人以其能治天時地財而用之,因而與天地並列為三。對此,荀子又進一步解釋說:

> 天能生物,不能辨物也;地能載人,不能治人也;宇中萬物生人之屬,待聖人然後分也。(《荀子·禮論》)

「分」是分位的意思。在荀子看來,「明分」(確定每個人的分位)是「使群」(充分發揮人類整體力量)、「役物」(合理利用天時地財)的根本,所

以他所謂的「人有其治」的「治」，也正是指人的「辨物」、「治人」的「明分」能力。同樣的意思在《禮記・中庸》也有表達，其文雲：

> 唯天下至誠，為能盡其性；能盡其性，則能盡人之性；能盡人之性，則能盡物之性；能盡物之性，則可以贊天地之化育；可以贊天地之化育，則可以與天地參矣。（《禮記正義》卷五十三）

按照傳統的解釋，「至誠」是聖人之德。《孟子》和《中庸》中都說過：「誠者，天之道也；思誠者（《中庸》作「誠之者」），人之道也。」這也就是說，人以其至誠而辨明人、物之性，盡其人、物之用，參與天地生養萬物的活動，因而與天地並列為三。朱熹《中庸章句》說：「……能盡之者，謂知之無不明而處之無不當也。贊，猶助也。與天地參，謂與天地並立為三也。」

漢儒董仲舒繼承荀子思想，亦極言人與天地並為萬物之根本。如說：

> 天地人，萬物之本也。天生之，地養之，人成之。（《春秋繁露・立元神》）

　　人下長萬物，上參天地。（《春秋繁露‧天地陰陽》）

　　唯人獨能偶天地。（《春秋繁露‧人副天數》）
　　唯人道為可以參天。（《春秋繁露‧王道通三》）

　　從荀子和董仲舒等人的論述中，應當說都蘊涵著這樣一層意思，即在天地人三者中，人處於一種能動的主動的地位。從生養人與萬物來講，當然天地是其根本，然而從治理人與萬物來講，則人是能動的，操有主動權。就這方面說，人在天地萬物之中可說是處於一種核心的地位。中國傳統文化的人文精神把人的道德情操的自我提升與超越放在首位，注重人的倫理精神和藝術精神的養成等，正是由對人在天地萬物中這種能動、主動的核心地位的確認而確立起來的。

　　由此，又形成了中國傳統文化中的兩個十分顯著的特點，即：一是高揚君權師教淡化神權，宗教絕對神聖的觀念相對比較淡薄；二是高揚明道正誼節制物欲，人格自我完善的觀念廣泛深入人心。這也就是說，在中國傳統文化的人文精神中，包含著一種上薄拜神教、下防拜物教的現代理性精神。

二

中國傳統文化的這種人文精神，根植於遠古的原始文化之中。人們常把「天人合一」視作中國文化的主要特徵之一，而考其起源，則與中國原始文化中的自然（天地）崇拜，以天地為生物之本；以及祖先崇拜，以先祖為監臨人世的上帝（此亦為天，天命之天）等觀念，不能說毫無關係。由此可見，「天人合一」中「天」的含義是合自然之天與天命（先祖上帝）之天而言的。以後，宋明理學講的天理之天，即是自然之天與天命之天的統合體。

人與自然之天「合一」的中心是「順自然」，這裡「自然」一詞的含義，不是指「自然界」，而是指自然界的「本然」法則與狀態。道家思想中強調順自然，這是人們所熟知的。如《老子》書中就明確說過這樣的話：

輔萬物之自然而不敢為。（《老子》六十四章）

也正是《老子》書中的這句話，長期以來道家的自然無為思想被看成是一種消極被動、因循等待的思想。其實，道家順自然而不敢為（無為）的思

想，有其相當積極合理的一面，這在以後的道家著作中有著充分的展開。如在《淮南子》一書，對道家的無為思想就有相當積極合理的論述：

> 無為者，非謂其凝滯而不動也，以其言莫從己出也。(《淮南子·主術訓》)
> 所謂無為者，不先物為也；所謂無不為者，因物之所為也。所謂無治者，不易自然也；所謂無不治者，因物之相然也。(《淮南子·原道訓》)
> 若吾所謂無為者，私志不得入公道，嗜欲不得枉正術。循理而舉事，因資而立功，推自然之勢，而曲故不得容者。故事成而身不伐，功立而名弗有，非謂其感而不應，攻而不動者也。(《淮南子·修務訓》)

這三段話從不同角度說明了道家自然無為思想絕不是什麼消極被動、因循等待，而是在排除主觀、私意的前提下，主動地因勢利導，即所謂「循理」、「因資」地去舉事立功。這也就是《老子》所追求的理想：

> 功成事遂，百姓皆謂我自然。(《老子》十七章)

在傳統儒家文化中也是極為強調這種順自然而不違天時的思想的。前面我們曾提到荀子關於人與天地參的思想，以往人們都以此來強調荀子的「人定勝天」思想，殊不知荀子的人與天地參思想或如人們所說的「人定勝天」的思想，恰恰是建立在他的順自然而不違天時的認識基礎之上的。所以，他在提出「天有其時，地有其財，人有其治，夫是之謂能參」的結論之前是這樣來分析的：

　　不為而成，不求而得，夫是之謂天職。如是者，雖深，其人不加慮焉；雖大，不加能焉；雖精，不加察焉。夫是之謂不與天爭職。（《荀子·天論》）

而緊接著「夫是之謂能參」後，則又再強調說：

　　舍其所以參而願其所參，則惑矣。列星隨旋，日月遞照，四時代禦，陰陽大化，風雨博施。萬物各得其和以生，各得其養以成。不見其事而見其功，夫是之謂神。皆知其所以成，莫知其無形，夫是之謂天〔功〕。唯聖人為不求知天。（同上）

最後，荀子總結說：

聖人清其天君（「心居中虛，以治五官，夫是之謂天君」），正其天官（「耳目鼻口形能各有接而不相能也，夫是之謂天官」），備其天養（「財非其類以養其類，夫是之謂天養」），順其天政（「順其類者謂之福，逆其類者謂之禍，夫是之謂天政」），養其天情（「形具而神生，好惡喜怒哀樂臧焉，夫是之謂天情」），以全其天功（「皆知其所以成，莫知其無形，夫是之謂天〔功〕」）。如是，則知其所為，知其所不為矣，則天地官而萬物役矣！（同上）

這裡一連串的「天」字，都是強調其為「自然」之意。荀子認為，人只有順其自然，才會懂得什麼應當去做，什麼不應當去做，才能掌握天時地財，利用萬物。又如，前引《中庸》「唯天下至誠……則可以與天地參矣」一段，同樣也是強調只有盡人、物的自然之性，方能參與天地之化育。儒家把大禹治水的智慧看成是順自然的典範，充分體現了有為和無為在順自然原則中的統一。孟子對這一問題的論述是極有啟迪的。他說：

　　天下之言性也，則故而已矣，故者以利為本。所惡于智者，為其鑿也。如智者若禹之行水也，則無惡于智矣。禹之行水也，行其所無事也。如智者亦行其所無事，則智亦大矣。天之高也，星辰之遠也，苟求其故，千歲之日至，可坐而致也。（《孟子·離婁下》）

　　朱熹非常讚賞孟子的這一論述，他的注釋發揮了孟子的思想，且有助於我們瞭解孟子這段話的精義之所在。現摘引朱熹部分注文如下：

　　性者，人物所得以生之理也。故者，其已然之跡，若所謂天下之故也。利，猶順也，語其自然之勢也。言事物之理，雖若無形而難知，然其發見之已然，則必有跡而易見。……然其所謂故者，又必本其自然之勢。

　　禹之行水，則因其自然之勢而導之，未嘗以私智穿鑿而有所事，是以水得其潤下之性而不為害也。

　　愚謂，事物之理，莫非自然。順而循之，則為大智，若用小智而鑿以自私，則害於性而反為不

智。(《孟子集注·離婁章句下》)

以上所引都十分明確而概括地表達了儒家「順自然」而與自然之天「合一」的基本觀點。

<h2 style="text-align:center">三</h2>

人與天命之天「合一」的中心是「疾敬德」。這一觀念，大概起源于殷末周初。《尚書·召誥》中有一段告誡周王要牢記夏、殷亡國教訓的文字，很能說明這一點。其文曰：

> 王敬作所，不可不敬德。我不可不監于有夏，亦不可不有監于有殷。我不敢知曰有夏服天命，惟有歷年，我不敢知曰不其延，惟不敬厥德，乃早墜厥命。我不敢知曰有殷受天命，惟有歷年，我不敢知曰不其延，惟不敬厥德，乃早墜厥命。……肆惟王其疾敬德，王其德之用，祈天永命。

這是說，夏、殷之所以滅亡，主要是由於他們「不敬德」，因此，周王如要永保天命的話，就一定要「疾敬德」。所謂「皇天無親，惟德是輔」(《尚書·蔡仲之命》)，是周初人的一種共識，也是以後

儒家論述天人合一的一個中心命題。我們在《尚書》一書中，隨處都可以翻檢出有關於因「不敬德」而失天下的記述。諸如說：

禹乃會群後，誓于師曰：「濟濟有眾，咸聽朕命。蠢茲有苗，昏迷不恭，侮慢自賢，反道敗德。君子在野，小人在位，民棄不保，天降之咎。肆予以爾眾士，奉辭伐罪，爾尚一乃心力，其克有勳。」（《尚書·大禹謨》）

「反道敗德」，這是有苗失天下的緣由。

有夏昏德，民墜塗炭，天乃錫王勇智，表正萬邦，纘禹舊服。茲率厥典，奉若天命。（《尚書·仲虺之誥》）

夏王滅德作威，以敷虐于爾萬方百姓，爾萬方百姓罹其凶害，弗忍荼毒。並告無辜於上下神祇。天道福善禍淫，降災于夏，以彰厥罪；肆台小子，將天命明威，不敢赦，敢用玄牡，敢昭告於上天神後，請罪有夏。（《尚書·湯誥》）

　　伊尹既複政厥辟，將告歸，乃陳戒於德。曰：
「嗚呼！天難諶，命靡常。常厥德，保厥位，厥德匪
常，九有以亡。夏王弗克庸德，慢神虐民，皇天弗
保，監于萬方，啟迪有命。眷求一德，俾作神主。
惟尹躬暨湯，鹹有一德，克享天心，受天明命。以
有九有之師，爰革夏正，非天私我有商，惟天佑於
一德，非商求於下民，惟民歸於一德，德惟一，動
罔不吉；德二三，動罔不凶。惟吉凶不僭在人，惟
天降災祥在德。(《尚書·咸有一德》)

　　「有夏昏德」、「夏王滅德作威」、「夏王弗克庸
德」，這是夏失天下的緣由。

　　今商王受，弗敬上天，降災下民，沉湎冒色，
敢行暴虐……皇天震怒，命我文考，肅將天威，
大勳未集。肆予小子發，以爾友邦塚君，觀政于
商。……受有臣億萬，惟億萬心。予有臣三千，
惟一心。商罪貫盈，天命誅之，予弗順天，厥罪惟
鈞。(《尚書·泰誓上》)

　　今商王受，狎侮五常，荒怠弗敬，自絕於天，
結怨於民，斮朝涉之脛，剖賢人之心，作威殺戮，

毒痛四海。……古人有言曰:「撫我則後,虐我則
讎。」獨夫受,洪惟作威,乃汝世讎。樹德務滋,
除惡務本。肆予小子,誕以爾眾士,殄殲乃讎。
(《尚書·泰誓下》)

曰:「惟有道曾孫周王發,將有大正于商。」今
商王受無道,暴殄天物,害虐烝民,為天下逋逃
主,萃淵藪。予小子既獲仁人,敢祗承上帝,以遏
亂略。華夏蠻貊,罔不率俾,恭天成命。(《尚書·
武成》)

「弗敬上天,降災下民」,「自絕於天,結怨於
民」,「暴殄天物,害虐烝民」,這是殷商失天下的
緣由。

這種自周初以來形成的「以德配天」的天人合
一觀中,無疑地其倫理道德色彩大大超過其宗教
色彩。

天子受命于天,然只有有德者方能受此天命。
何謂有德者?孟子在回答其弟子萬章問及堯舜相傳
一事時,有一段論述是很值得思考的。孟子認為,
天子是不能私自把天下傳給他人的,舜之有天下,
是天命授予的,堯只是起了推薦的作用。那麼,天

又是如何來表達它的意向的呢？孟子說，天不是用說話來表達的，而是通過對舜的行為和事蹟的接受來表達其意向的。具體地講，就是：

> 使之主祭而百神享之，是天受之；使之主事而事治，百姓安之，是民受之也。天與之，人與之，故曰：天子不能以天下與人。……《泰誓》曰：「天視自我民視，天聽自我民聽。」此之謂也。（《孟子·萬章上》）

這裡所謂「使之主祭而百神享之，是天受之」，顯然只具有外在的禮儀形式的意義，而「使之主事而事治，百姓安之，是民受之」，才具有實質的意義。由孟子所引《泰誓》一語可見，「人意」是「天命」的實在根據，「天命」則是體現「人意」的一種禮儀文飾。

這種「天命」根據於「人」、「民」之意願，「人」、「民」比鬼神更根本的觀念，發生于周初，至春秋時期而有極大的發展。《尚書·泰誓》中，除孟子所引那一句外，也還說過這樣的話：

> 天矜於民，民之所欲，天必從之。

天聰明，自我民聰明；天明畏，自我民明威。（《尚書‧皋陶謨》）

孔安國釋此句之義，最能體現天命以民意為根據的觀念。他說：

言天因民而降之福，民所歸者，天命之。天視聽人君之行，用民為聰明。

天明可畏，亦用民成其威。民所叛者，天討之，是天明可畏之效。（《尚書正義‧皋陶謨》）

至春秋時期，這方面的思想得到了極大的發展。以下摘引幾條人們熟知的《左傳》中的材料，以見其一斑。

〔季梁〕對曰：「夫民，神之主也，是以聖王先成民而後致力於神。……故務其三時，修其五教，親其九族，以致其禋祀，於是乎民和而神降之福，故動則有成。今民各有心，而鬼神乏主，君雖獨豐，其何福之有？」（《春秋左傳正義》卷六《桓公六年傳》）

史嚚曰：「虢其亡乎！吾聞之：國將興，聽於民；將亡，聽於神。神，聰明正直而壹者也，依人而行。」(《春秋左傳正義》卷十《莊公三十二年傳》)

進而一些思想家更明白地宣稱「妖由人興」、「吉凶由人」。如：

〔申〕對曰：「……妖由人興也。人無釁焉，妖不自作。人棄常，則妖興，故有妖。(《春秋左傳正義》卷九《莊公十四年傳》)

何謂「棄常」？晉伯宗在回答晉侯的話中，有一段可為說明。伯宗說：

天反時為災，地反物為妖，民反德為亂，亂則妖災生。(《春秋左傳正義》卷二十四《宣公十五年傳》)

所以，當宋襄公問周內史叔興關於「隕石于宋五」和「六鶂退飛過宋都」二事「是何祥也，吉凶焉在」時，叔興表面應付一下，退而則告人曰：

君失問。是陰陽之事，非吉凶所生也。吉凶由人。（《春秋左傳正義》卷十四《僖公十六年傳》）

而晏嬰對齊侯欲使巫祝禳彗星之災時，則進言曰：

無益也，只取誣焉。……君無違德，方國將至，何患於彗？……若德回亂，民將流亡，祝史之為，無能補也。（《春秋左傳正義》卷五十二《昭公二十六年傳》）

由此，人事急於神事，民意重於神意的觀念深植于中國傳統文化之中，並成為歷代聖賢、明君無時不以為誡的教訓。《禮記‧表記》中嘗借孔子之口，比較了夏、商、周三代文化的不同特色，其中在述及周文化特色時說：

周人尊禮尚施，事鬼敬神而遠之，近人而忠焉，其賞罰用爵列，親而不尊。其民之敝：利而巧，文而不慚，賊而蔽。（《禮記正義》卷五十四）

周文化這一近人而遠鬼神的特色影響深遠，以

至當季路向孔子問「事鬼神」之事時，孔子相當嚴屬地斥責他說：

未能事人，焉能事鬼！（《論語·先進》）

而當孔子在回答樊遲問「知」時，則又表示：

務民之義，敬鬼神而遠之，可謂知矣。（《論語·雍也》）

「務民之義」是「人有其治」的具體體現，人之治如果搞不好，鬼神也是無能為力的。因此說，只有懂得近人而遠鬼神，把人事放在第一位，切實做好它，才能稱之為「知」。這也許就是為什麼在中國傳統中，把政權看得比神權更重的文化上的根源。

四

「禮」起源於祭祀，與原始宗教有著密切的關係，這是毫無疑問的。然而「禮」在中國傳統文化的發展歷程中，則是越來越富於人文的內涵，乃至最終成為體現中國傳統文化人文精神的主要載體之一。「禮」通過祭祀，從消極方面來講，是為了祈福

禳災；而從積極方面來講，則是為了報本。報什麼本？荀子的論述是十分值得注意的。他說：

> 禮有三本：天地者，生之本也；先祖者，類之本也；君師者，治之本也。無天地惡生？無先祖惡出？無君師惡治？三者偏亡，焉無安人。故禮，上事天下事地，尊先祖而隆君師，是禮之三本也。（《荀子‧禮論》）

把君師之治作為禮之本，一方面是以禮制形式來落實人與天地參的思想；另一方面又是使「禮」包含了更多的人文內涵。「禮」字在《論語》一書中凡七十四見，然除了講禮如何重要和如何用禮之外，對禮的具體涵義沒有任何表述。即使當林放提出「禮之本」這樣的問題，孔子也只是回答「禮，與其奢也，寧儉」（《論語‧八佾》），仍然只是如何用禮的問題。《孟子》一書中「禮」字凡六十八見，其中大部分也是講如何用禮的問題，只有幾處稍稍涉及到一些禮的具體涵義，如說：「辭讓之心，禮之端也」（《孟子‧公孫醜上》）；「恭敬之心，禮也」（《孟子‧告子上》）；「男女授受不親，禮也」（《孟子‧離婁上》）；「禮之實，節文斯二者（指仁、義）

是也」（同上）。荀子是中國傳統文化中「禮」學的
奠基者。《荀子》一書中「禮」字凡三百餘見，全面
論述了禮的起源，禮的教化作用，禮的社會功能等
等，尤其是突出地闡發了禮的人文內涵。如，他對
禮的起源的論述，完全拋開了宗教的解釋。他說：

禮起於何也？曰：人生而有欲，欲而不得，則
不能無求，求而無度量分界，則不能不爭。爭則
亂，亂則窮。先王惡其亂也，故制禮義以分之，以
養人之欲，給人之求。使欲必不窮乎物，物必不屈
於欲，兩者相持而長，是禮之所起也。（《荀子·禮
論》）

據此，在荀子看來，禮的主要內容就是我們在
上文提到過的「明分」，或者說「別」。所謂「別」
或「明分」就是要使社會形成一個「貴賤有等，長
幼有差，貧富輕重皆有稱者也」（同上）的倫序。荀
子認為，確立這樣的倫序是保證一個社會安定和諧
所必需的：

然則，從人之欲，則勢不能容，物不能贍也。
故先王案為之制禮義以分之，使有貴賤之等，長幼

之差，知愚能不能之分，皆使人載其事而各得其宜，然後使穀祿多少厚薄之稱，是夫群居和一之道也。(《荀子·榮辱》)

　　毫無疑問，荀子這裡所講的禮，充滿了宗法等級制度的內容，是我們今天要批判、要拋棄的。然而，我們也無法否定，任何一個社會都需要有一定的倫序，否則這個社會是無法安定和諧的。因此，荀子關於「皆使人載其事而各得其宜，然後使穀祿多少厚薄之稱」，從而達到「群居和一」的理想，也還是有值得我們今天批判繼承的地方。

　　荀子闡發的禮的人文內涵，在中國傳統文化中，特別是儒家文化中，有著極為深遠的影響。從而在中國文化傳統中，常常是把那些帶有宗教色彩的儀式納入到禮制中去，而不是使禮製作為宗教的一種儀軌。試舉一例以明之。如，荀子對於人問「雩而雨何也」回答：「無何也！猶不雩而雨也。」這是大家都很熟悉的一則典故。「雩」原是一種宗教色彩很濃的求雨儀式，荀子在這裡雖然明確表示了「猶不雩而雨也」的意見，但他並沒有完全否定這種儀式，只是認為不應當把它神化。換言之，如果把它作為一種禮的儀式，荀子認為還是有意義的。請

看荀子緊接著此問後所闡發的一個重要論點：

> 日月食而救之，天旱而雩，卜筮然後決大事，非以為得求也，以文之也。故君子以為文，而百姓以為神。以為文則吉，以為神則凶也。（《荀子·天論》）

這裡所謂的「文」，是「文飾」的意思，相對于「質樸」而言，「禮」為文飾之具，「文」為有禮的標誌。荀子這段話的主旨，就是強調要把救蝕、雩雨、卜筮等帶有原始宗教色彩的儀式作為一種具有人文意義的「禮」儀來看待，而不要把它作為一種求助於神靈的信仰儀式去看待。

人們常常把荀子的這段話與《周易·觀卦·象傳》中的「聖人以神道設教」說聯繫在一起，這是有一定道理的。但是，通常人們對「神道設教」的解釋，則似乎並不符合其原義。按照一般的解釋，這句話的意思是說，聖人借「神」道以教化百姓。把「聖人以神道設教」一句中的「神」字，與上述荀子《天論》中「百姓以為神」的「神」字，看成是相同的意思。其實，這裡有誤解。「聖人以神道設教」一句中，「神道」是一個詞，而不是單獨以

「神」為一個詞。試觀其前後文即可明白矣。文曰：
「觀天之神道，而四時不忒；聖人以神道設教，而天
下服矣！」這裡明白地可以看到，所謂「聖人以神
道設教」一句中的「神道」，就是前文中「天之神
道」的「神道」。何為「天之神道」？也就是文中所
說的「四時不忒」，亦即自然運行法則。因此，所
謂「聖人以神道設教」，即是聖人則天，以「四時
不忒」之道來作為教化的原則。

　　值得注意的是，效法天道自然法則正是傳統
「禮」論中的中心內容之一。如《禮記・喪服四制》
中說：

　　凡禮之大體，體天地、法四時、則陰陽、順人
　　情，故謂之禮。訾之者，是不知禮之所由生也。
　　（《禮記正義》卷六十三）

　　由此可見，《周易》中所講的「神道」，與荀子
文中所表揚的「君子以為文」的精神是相一致的，
而與其所批評的「百姓以為神」的「神」字意思則
是根本不一樣的。

　　以「卜筮然後決大事」為「文」而不以為
「神」，這也是體現中國傳統文化人文精神的一個突

出例子。「卜筮然後決大事」本來是一件「神」事，然而現在卻把它納入了「文」事。「文」事者，「非以為得求也」。這樣，「卜筮」所決之事也就失去了它的絕對權威性，而成為只具有一定參考價值的意見。於是，「卜筮」作為一種禮儀形式的意義，也就遠遠超過了依它來「決大事」的意義。

把卜筮納入「禮」中，確實有借「神」道以設教的意圖。如，《禮記·曲禮》中有這樣一段話：

> 卜筮者，先聖王之所以使民信時日、敬鬼神、畏法令也，所以使民決嫌疑、定猶與（豫）也。（《禮記正義》卷三）

這裡把「畏法令」也作為卜筮的一項內容，其教化的意義是十分明顯的。因而，與此相關，對於利用卜筮來蠱惑人心者，則制定了嚴厲的制裁條例來禁止它。如，《禮記·王制》中規定：

> 析言破律，亂名改作，執左道以亂政，殺；作淫聲、異服、奇技、奇器以疑眾，殺；行偽而堅，言偽而辯，學非而博，順非而澤，殺；假于鬼神、時日、卜筮以疑眾，殺。此四誅者，不以聽。（《禮

記正義》卷十三）

　　文中所謂「此四誅者，不以聽」的意思是說，
對於這四種人不用聽其申辯即可處以死刑。

　　至此，中國傳統文化和哲學中上薄拜神教的人
文精神，應當說已經反映得相當充分了。

五

　　關於中國傳統文化和哲學中下防拜物教的人文
精神，則大量地體現在儒、道、佛三教的有關心性
道德修養的理論中。中國傳統文化之所以注重並強
調心性道德修養，這是與中國歷代聖賢們對人的本
質的認識密切有關的。上面我們曾引過一段荀子論
人「最為天下貴」的文字，在那段文字裡，荀子把
天下萬物分為四大類：一類是無生命的水火，一類
是有生命而無識知的草木，一類是有生命也有識知
的禽獸，最後一類就是不僅有生有知而更是有義的
人類。「義」是指遵循一定倫理原則的行為規範，如
荀子說的「仁者愛人，義者循理」（《荀子‧議兵》）；
「夫義者，所以限禁人之為惡與奸者也。……夫義
者，內節於人而外節於萬物者也」（《荀子‧強國》）
等等。在荀子看來，這就是人類與其他萬物，特別

是動物（禽獸）的根本區別之所在。荀子的這一觀點是很有代表性的。在中國傳統文化中，絕大部分的聖賢都持這樣的觀點，即把是否具有倫理觀念和道德意志看作人的本質，作為區別人與動物的根本標誌。孟子也說過：

> 人之所以異於禽獸者幾希，庶民去之，君子存之。（《孟子·離婁下》）

那不同於禽獸的一點點，就是人的倫理意識和道德感情。孔子在回答子游問孝時嘗說：

> 今之孝者，是謂能養。至於犬馬，皆能有養；不敬，何以別乎？（《論語·為政》）

孟子則說：

> 人之有道也，飽食、暖衣、逸居而無教，則近於禽獸。（《孟子·滕文公上》）

孔、孟的這兩段論述都是強調，只有具有自覺的倫理意識和道德感情，才能把人的行為與禽獸

的行為區別開來。對此，荀子更有進一步的論述，他說：

> 人之所以為人者，何已也？曰：以其有辨也。饑而欲食，寒而欲暖，勞而欲息，好利而惡害，是人之所生而有也，是無待而然者也，是禹桀之所同也。然則，人之所以為人者，非特以二足而無毛也，以其有辨也。今夫狌狌形狀亦二足而無毛也，然而君子啜其羹、食其胾。故人之所以為人者，非特以其二足而無毛也，以其有辨也。夫禽獸有父子而無父子之親，有牝牡而無男女之別。故人道莫不有辨，辨莫大於分，分莫大於禮，禮莫大于聖王。(《荀子·非相》)

《禮記·曲禮》發揮這一思想，亦強調人當以禮來自別於禽獸：

> 鸚鵡能言，不離飛鳥；猩猩能言，不離禽獸。今人而無禮，雖能言，不亦禽獸之心乎？夫唯禽獸無禮，故父子聚麀。是故聖人作，為禮以教人。使人以有禮，知自別於禽獸。(《禮記正義》卷一)

宋儒呂大臨闡發《曲禮》這段話的思想：

> 夫人之血氣嗜欲，視聽食息，與禽獸異者幾希，特禽獸之言與人異爾，然猩猩、鸚鵡亦或能之。是則所以貴於萬物者，蓋有理義存焉。聖人因理義之同，制為之禮，然後父子有親，君臣有義，男女有別，人道之所以立，而與天地參也。縱恣怠敖，滅天理而窮人欲，將與馬牛犬彘之無辨，是果於自暴自棄而不齒於人類者乎！（《禮記集解》卷一）

明儒薛也說：

> 人之所以異於禽獸者，倫理而已。何謂倫？父子、君臣、夫婦、長幼、朋友五者之倫序是也。何謂理？即父子有親、君臣有義、夫婦有別、長幼有序、朋友有信五者之天理也。於倫理明而且盡，始得稱為人之名。苟倫理一失，雖具人之形，其實與禽獸何異哉！蓋禽獸所知者，不過渴飲饑食、雌雄牝牡之欲而已，其於倫理則蠢然無知也。故其於飲食雌雄牝牡之欲既足，則飛鳴�躑躅、群遊旅宿，一無所為。若人，但知飲食男女之欲，而不能盡父

子、君臣、夫婦、長幼、朋友之倫理，即暖衣飽食，終日嬉戲遊蕩，與禽獸無別矣。(《文清公薛先生文集》卷十二《戒子書》)

呂、薛二氏的論說，足以代表宋明理學家們關於人的本質的基本觀點。從以上的論述中，我們可以看到，歷代思想家們一致強調，明於倫理是人與禽獸區別的根本標誌。進而更認為，但求物欲上的滿足，則將使人喪失人格而淪為禽獸。所以，對於人的倫理與物欲的關係問題，一直成為中國傳統文化和哲學中最重要的主題之一。這也就是為什麼在中國傳統文化中，尤其是儒家文化中，把人格的確立（以區別於禽獸）和提升（以區別於一般人）放在第一位，而且把倫理觀念、道德規範的教育和養成看作是一切教育之基礎的根源之所在。

事實上，在中國歷代聖賢的心目中，正確認識和處理倫理與物欲的關係問題是確立人格和提升人格的關鍵。對於這一問題，在中國傳統文化中大致是從三個層次來進行探討的。一是理論層次，討論「理」、「欲」問題；一是實踐層次，討論「義」、「利」問題；一是修養（教育）層次，討論「役物」、「物役」問題。在中國傳統文化中，有關這

方面的內容是極其豐富的。概括地講，在理論上以「以理制欲」、「欲需合理」說為主流，部分思想家將其推至極端，而提出了「存理滅欲」說；在實踐上以「先義後利」、「重義輕利」說為主流，部分思想家將其推至極端，而提出了「正其誼不謀其利，明其道不計其功」之說；在修養上則概以「役物」為尚，即做物欲的主人，而蔑視「物役」，即淪為物欲的奴隸。

由於部分宋明理學家，如程朱等，在理欲問題上過分地強調「存天理滅人欲」，因而不僅遭到歷史上不少思想家的批評，更受到了近現代民主革命時代思想家的激烈批判，斥其為壓制人性、無視人性，這是歷史的需要，完全是應當的。但是，我們如果全面地來檢視一下中國傳統文化中有關「理」、「欲」關係的理論，則很容易就可以發現「存理滅欲」之說實非據於主流地位。若如程朱等所說，必待滅盡人欲方能存得天理，即使以此為極而言之之說，其理論上之偏頗也是顯而易見的。人們嘗以為程朱之說發軔於《禮記·樂記》，如與朱熹同時之陸九淵就認為：

天理人欲之分，論極有病。自《禮記》有此

言，而後人襲之。(《陸九淵集・語錄下》)

又說：

天理人欲之言，亦自不是至論。若天是理，人是欲，則是天人不同矣。此其原蓋出於老氏。《樂記》曰：「人生而靜，天之性也；感於物而動，性之欲也。物至知知，而後好惡形焉。不能反躬，天理滅矣。」天理人欲之言，蓋出於此。《樂記》之言，亦根於老氏。(《陸九淵集・語錄上》)

理學家之談天理人欲或根于《樂記》，然程朱等所談之天理人欲關係與《樂記》所論之天理人欲關係已經有了很大的不同。《樂記》所論曰：

人生而靜，天之性也；感於物而動，性之欲也。物至知知，然後好惡形焉。好惡無節於內，知誘於外，不能反躬，天理滅矣。夫物之感人無窮，而人之好惡無節，則是物至而人化物也。人化物也者，滅天理而窮人欲者也。於是有悖逆詐偽之心，有淫佚作亂之事。是故強者脅弱，眾者暴寡，知者詐愚，勇者苦怯，疾病不養，老幼孤獨不得其所，

此大亂之道也。是故先王之制禮樂，人為之節。
（《禮記正義》卷三十七）

　　對照陸九淵所引本節之文，人們可以看到陸氏引文中略去了「好惡無節於內，知誘於外」一句，然而這一句恰好是《樂記》本節所論旨趣之關鍵所在。《樂記》並未否定人感於物而動的性之欲，它只是否定那種好惡無節於內，知誘於外，且又不能反躬的人。這樣的人，在它看來就是在無窮的物慾面前，不能自我節制，而被物支配了的人，亦即所謂「物至而人化物也」。人為物所支配，為了窮其人欲，那就有可能置一切倫理原則於不顧，而做出種種背離倫理的事來。為此，《樂記》才特別強調了「制禮樂，人為之節」的重要和必要。

　　《樂記》的這一思想，很可能來源於荀子。上面我們曾引用過荀子一段論述關於禮的起源的文字，在那裡他肯定了「人生而有欲，欲而不得，則不能無求」。但同時他又指出，如果「求而無度量分界」，那就會造成社會的爭亂。因此，需要制訂禮義來節制之，以達到「養人之欲，給人之求」的理想。由此可見，如果說在程朱理學的「存天理滅人欲」命題中具有禁欲主義意味的話，那麼在《樂記》

和荀子那裡並無此意。《樂記》主張是「節欲」，
而荀子則除了講「節欲」外，還提出了「養欲」、
「導欲」、「禦欲」等一系列命題，「節欲」理論甚是
豐富。

荀子提出「節用禦欲」的命題，是強調人們在
消費時應當有長遠的後顧之憂，時時控制欲求，節
約消費。他說：

> 人之情，食欲有芻豢，衣欲有文繡，行欲有輿
> 馬，又欲夫餘財蓄積之富也。然而窮年累世不知
> 足，是人之情也。今人之生也，方知畜雞狗豬彘，
> 又畜牛羊，然而食不敢有酒肉；餘刀布，有囷窌，
> 然而衣不敢有絲帛；約者有筐篋之藏，然而行不敢
> 有輿馬；是何也？非不欲也！幾不長慮顧後，而恐
> 無以繼之故也。於是又節用禦欲，收斂蓄藏以繼之
> 也。是于己長慮顧後，幾不甚善矣哉！（《荀子‧榮
> 辱》）

荀子嘗指出，那些提出「去欲」、「寡欲」主張
的人，其實是他們在實踐中沒有能力對人們的欲望
加以引導和節制的表現。他說：

凡語治而待去欲者，無以道欲，而困於有欲者
也。凡語治而待寡欲者，無以節欲，而困於多欲者
也。(《荀子·正名》)

他還認為，欲求是人生來就具有的，問題在於
你的欲求合理不合理。如果合理，那麼再多的欲求
也不會給社會帶來問題；如果不合理，那麼再少的
欲求也會給社會造成混亂。他說：

欲不待可得，所受乎天也；求者從所可，所受
乎心也。……故欲過之而動不及，心止之也。心之
所可中理，則欲雖多，奚傷於治？欲不及而動過
之，心使之也。心之所可失理，則欲雖寡，奚止於
亂！(同上)

總之，荀子認為：

性者，天之就也；情者，性之質也；欲者，
情之應也。以所欲為可得而求之，情之所必不免
也。……欲雖不可盡，可以近盡也；欲雖不可去，
求可節也。(同上)

荀子的這些思想是合理而深刻的，對於後世的影響也是極其深遠的。宋明以往批判程朱「存理滅欲」說者，其基本理論並未超過荀子多少。試舉一二以見其概，如明儒羅欽順嘗論曰：

夫人之有欲，固出於天，蓋有必然而不容己，且有當然而不可易者。於其所不容己者而皆合乎當然之則，夫安往而非善乎？惟其恣情縱欲而不知反，斯為惡爾。先儒多以去人欲、過人欲為言，蓋所以防其流者，不得不嚴，但語意似乎偏重。夫欲與喜怒哀樂，皆性之所有者，喜怒哀樂又可去乎？（《困知記》卷下）

又如，清儒戴震在批判程朱的「存天理滅人欲」說，以及解釋《樂記》「滅天理而窮人欲」一語時說：

性，譬則水也；欲，譬則水之流也。節而不過，則為依乎天理，為相生養之道，譬則水由地中行也；窮人欲而至於有悖逆詐偽之心，有淫泆作亂之事，譬則洪水橫流，氾濫於中國也。……天理者，節其欲而不窮人欲也。是故欲不可窮，非不可

有;有而節之,使無過情,無不及情,可謂之非天理乎!(《孟子字義疏證》卷上)

此外,道家等從養生的角度也講述了不少有關「節欲」、「養欲」的道理,對於豐富傳統文化中的「節欲」理論也是很有價值的。

昔先聖王之為苑囿園池也,足以觀望勞形而已矣;其為宮室台榭也,足以辟燥濕而已矣;其為輿馬衣裘也,足以逸身暖骸而已矣;其為飲食酏醴也,足以適味充虛而已矣;其為聲色音樂也,足以安性自娛而已矣。五者,聖王之所以養性也,非好儉而惡費也,節乎性也。(《呂氏春秋·重己》)

天生人而使有貪有欲,欲有情,情有節,聖人修節以止欲,故不過行其情也。(《呂氏春秋·情欲》)。

在荀子之前就流傳著這樣的教訓,即所謂:「君子役物,小人役於物。」荀子對此解釋說:

志意修則驕富貴,道義重則輕王公,內省而外物輕矣!傳曰:「君子役物,小人役於物。」此之謂

矣。(《荀子·修身》)

　　這句話的意思是說，注重精神修養和倫理實踐的人則輕視富貴地位，也就是說，注重內心反省的人，對身外之物是看得很輕的。歷代相傳的「君子支配物，小人被物支配」，就是這個意思。做「役物」的「君子」，還是做「役於物」的「小人」，這是人格修養上必須明辨的問題。荀子進一步對比此二者說：

　　志輕理而不外重物者，無之有也；外重物而不內憂者，無之有也；行離理而不外危者，無之有也；外危而不內恐者，無之有也。……故欲養其欲而縱其情，欲養其性而危其形，欲養其樂而攻其心，欲養其名而亂其行，如此者，雖封侯稱君，其與夫盜無以異；乘軒戴絻，其與無足無以異。夫是之謂以己為物役矣。(《荀子·正名》)

　　反之：

　　心平愉，則色不及傭而可以養目，聲不及傭而可以養耳，蔬食菜羹而可以養口，粗布之衣、粗之

履而可以養體，屋室盧庾葭稾蓐尚機筵而可以養形。故無萬物之美而可以養樂，無勢列之位而可以養名。……夫是之謂重己役物。（同上）

　　這種不為物累，勿為物役的思想在佛、道理論系統中更是俯拾皆是，此處暫不贅述。然至此，中國傳統文化和哲學中下防拜物教的人文精神，應當說也已經反映得相當充分了。

　　人不應當「役於神」，更不應當「役於物」，人應當有自己獨立的人格。有不少人以為，依仗現代高科技，人類已經可以告別聽命於「神」的歷史，人類已經可以隨心所欲地去支配「物」的世界了。然而，我們如果冷靜地看看當今世界的現實，則恐怕就不會這樣樂觀了。「役於神」的問題是極其複雜的，絕非單純的科技發展就能解決的。君不見，當今世界各大有神宗教，憑藉著社會經濟增長的實力後盾，幾乎與現代高科技同步高速發展，且新興宗教層出不窮。「役於物」的問題，則隨著現代高科技的發展，人類向「物」的世界索取手段的不斷提高，因而對於物的欲求也在進一步的膨脹。更何況當今世界是一個講求實力的時代，全世界的經濟實力競爭，把全人類逼上了「役於物」的險途而尚不

能自反。

　　眾所周知，十八世紀歐洲的啟蒙運動，高揚人本主義去衝破中世紀神本文化的牢籠，然而誠如當時那些主要思想家所言，他們宣導的人本主義，從中國儒、道哲學的人文精神中得到了極大的啟發和鼓舞。而當今東西方思想家注目于中國傳統文化和哲學，恐怕主要是想借助中國傳統文化和哲學中的人文精神來提升人的精神生活、道德境界，以抵禦由於物質文明的高度發展而帶來的拜金主義和拜物教，以及由此而造成的人類的自我失落和精神空虛。我想，這大概也就是中國傳統文化中的人文精神為什麼還值得人們在今日來認真研究一番的理由吧！

對於二十一世紀中國文化建構的思考

一

　　當今不少人都在預言說，二十一世紀是「亞太」的世紀，是「亞洲」的世紀，乃至是「東亞」的世紀，並認為東方文化，尤其是漢字圈文化，將成為下一世紀的文化主流等等。對於這些預言的準確性（或者說科學性）究竟如何，我不想妄加評議，因為這是需要由下一世紀的事實去證實的。但我深信，這些預言的出現則絕非偶然，更不是少數東方知識份子的自大狂或所謂的「民族主義」情結，而是有其深刻的歷史原因和現實依據的。

　　簡而言之，一是隨著二十世紀下半葉以來東方民族、國家在政治、經濟地位上的變化，在文化上也開始有所自覺，恢復了對自己民族悠久文化傳統的自尊和自信；二是世界經濟和科技的高速發展，在創造豐富物質財富的同時，也帶來了比以往歷史上任何時期更為嚴重的世界性的社會問題和人類生存環境問題，因而迫使人們對於當今世界的文化建構，特別是其中作為主流的西方文化加以必要的檢討，並由此而意識到東方文化對西方文化的互補性，以及東方文化在世界文化建構中的不可或缺的地位。

　　我認為，在思考二十一世紀中國文化建構的問題時，有必要首先對中國文化在二十世紀中所走過的道路進行一番深刻的反思，然後才能對下一世紀中國文化應走的道路有一較為清晰和自覺的認識。

　　毋庸諱言，與亞洲東方所有國家一樣，從總體上來說，二十世紀中國文化走的是一條以接納西方文化為主的道路。中國的末代王朝—清王朝，在經過康熙、乾隆、嘉慶三朝盛世後，自道光朝起開始走下坡路，朝政日趨腐敗，國力日益衰弱。當時一些有眼光的思想家，也已深刻地覺察到了清王朝和中國面臨的嚴重危機。如著名思想家龔自珍於鴉片

戰爭前夕在揭露當時清王朝的腐敗和中國社會面臨的嚴重危機後，就深刻地指出：

即使英吉利不侵不叛，望風納款，中國尚且可恥而可憂。（《定庵文集補編》卷四《與人箋（八）》）

這樣的政府是無法防止內亂和抵禦外侮的。一八四一年鴉片戰爭的失敗，徹底暴露了中國封建制度的腐朽沒落，同時也暴露了中國傳統文化結構上「重道輕器」的偏頗和弱點。所以，當時的一些進步思想家就提出了「師夷之長技以制夷」（魏源《海國圖志》）的主張，強調學習西方列強「船堅炮利」的器物文化。以後，清王朝內部洋務派所搞的洋務運動，主要也就是引進西方有關製造槍炮、機械等方面的器物文化。在他們看來，中國的政治制度、人倫道德、社會習俗等方面不僅不可改變，而且其傳統還優於西方，因此也不必改變。於是，他們用中國傳統哲學中的「體」、「用」範疇，把中國傳統的「治統」和「道統」歸之於「體」，把西方科技、器物文化歸之於「用」，並提出了「中體西用」（《勸學篇·外篇·設學第三》）的根本方針。

　　一八九四年中日甲午戰爭中中國的失敗，把洋
務派三十年來從事洋務運動的心血毀於一旦，因而
也就使人們對洋務派所遵循的「中體西用」的方針
提出了疑問。如，嚴復於當時即撰文批駁「中體西
用」論在邏輯上和實踐上的謬誤，以及中西學各自
「體」、「用」之間存在著不可分割的關係和不可隨
意嫁接的道理，從而強調指出，若要以西學為用，
則必須同時接受西學之體，否則就是一種「牛體馬
用」的謬想。他說：

　　善夫金匱裘可桴孝廉之言曰：體用者，即一
物而言之也。有牛之體，則有負重之用；有馬之
體，則有致遠之用。未聞以牛為體，以馬為用者
也。……故中學有中學之體用，西學有西學之體
用，分之則並立，合之則兩亡。（《嚴復集》第三冊
《與〈外交報〉主人書》）

　　這時，人們心目中的西學之體，主要是有關於
西方社會、政治制度層面的東西，亦即上文所說的
「治統」方面的文化，如民主、自由，立憲、共和
等。因而，從戊戌變法到辛亥革命，從康有為到孫
中山，他們關注的是對封建政體的局部改良抑或根

本的改變。近代中國人的學習西方文化，由此而深入了一個層次。

　　然而，歷史的演進並未就此而止。戊戌變法的慘敗和辛亥革命勝利果實為袁世凱所竊取的現實，迫使人們進一步來思考中國傳統文化中最深層次的「道統」問題。因此，由一九一五年開始的新文化運動，發起了對中國傳統文化的全面檢討，內容主要集中在經過宋明理學系統化了的封建宗法、專制制度與封建倫理綱常觀念、道德規範等方面。同時，則開始全面學習西方文化，特別是西方資本主義的平等、民主、自由的政治制度、學術風氣以及個人主義的價值觀等等。此時，經由歐洲及日本，學術界也已接觸到了馬克思主義社會主義理論，而一九一七年俄國十月革命的勝利，則進一步推動了馬克思主義社會主義思想在中國的傳播。一九一九年爆發的五四運動，一面高舉「德先生」（Democratic，民主）和「賽先生」（Science，科學）兩面大旗，一面則大聲疾呼「打倒孔家店」和徹底粉碎「吃人的舊禮教」，把批判傳統文化和接納西方文化的社會運動推向了一個新的高潮。

　　自此以後，確定了二十世紀中國文化結構以接納西方文化為主的基本格局。這不僅是指社會生產

方式以及經濟制度、政治制度的改變，更主要是體現在社會各種觀念上的變更，尤其是傳統價值觀念上的變更。由於第一次世界大戰暴露了西方資本主義文明的種種問題，以及受俄國十月革命的勝利與當時流行的無政府主義和馬克思主義思潮的影響，二十年代初在中國思想界的一部分人中曾一度出現過對西方文明「完美」幻想的破滅和對東方文化、中國文化的反思。其中，一九二〇年初梁啟超旅歐回來後發表的《歐遊心影錄》和一九二一年出版的梁漱溟的《東西文化及其哲學》是最具代表性的兩部著作。然而，在當時急盼中國富強與現代化國人的目光中，西方列強是現代化富強國家的樣板，因而很自然地在許多人的觀念中也就把西方化和現代化看成了一回事，要現代化就一定要西方化，只有引進西方文化才能使中國現代化。於是，從二十年代末至三十年代中，又展開了一場有關西方化和現代化，以及西方文化與中國本位文化問題的大討論，羅榮渠先生主編的《從「西化」到現代化》一書對此有詳盡的介紹。

　　此時，有一部分學者明確提出了「全盤西化」的口號。如，一九三三年底當時中山大學教授陳序經在一篇題為《中國文化之出路》的演講中把那時

國內學術界關於中國文化的主張分析為三派，即所謂「復古派—主張保存中國固有文化的」；「折衷派—提倡調和辦法中西合璧的」；「西洋派—主張全盤接受西洋文化的」。而他自己則是「特別主張第三派的，就是要中國文化徹底的西化」。他認為：

> 現在世界的趨勢，既不容許我們複返古代的文化，也不容許我們應用折衷調和的辦法，那麼，今後中國文化的出路，唯有努力去跑徹底西化的途徑。（《廣州民國日報》1934 年 1 月 15 日）

而中國文化必須「全盤西化」的理由，他強調兩點：一是「西洋文化，的確比我們進步得多」；二是「西洋現代文化，無論我們喜歡不喜歡去接受，它畢竟是現在世界的趨勢」。從當時歷史情況來講，第二點理由是很有道理的，而第一點則不盡然了。特別是他申言之說：

> 西洋文化無論在思想上、藝術上、科學上、政治上、教育上、宗教上、哲學上、文學上，都比中國的好。就是在衣、食、住、行的生活上頭，我們也不及西洋人的講究。（《廣州民國日報》1934 年 1

月 15 日）

在西洋文化裡面，也可以找到中國的好處；反之，在中國的文化裡未必能找出西洋的好處。（《廣州民國日報》1934 年 1 月 15 日）

這些申述，顯然是極其片面的。然而，「全盤西化」口號提出後，一時附和者卻甚多。以至連胡適對陳序經說他只是「折衷派中之一支流」，而「不能列為全盤西化派」的分析，還特地加以聲明說：「我是主張全盤西化論的」，「我是完全贊成陳序經先生的全盤西化論的」（《獨立評論》第 142 號，1935 年 3 月 17 日）。與此同時，也有不少學者對「全盤西化」論提出了批評和不同的看法，乃至針鋒相對地提出了建設「中國本位文化」的口號。

一九三五年初，王新命、何炳松、薩孟武等十位教授發表了一個「中國本位的文化建設宣言」。「宣言」劈頭第一句話就說：「在文化的領域中，我們看不見現在的中國了。」甚至認為：「從文化的領域去展望，現代世界裡面固然已經沒有了中國，中國的領土裡面幾乎已經沒有了中國人。」這樣激烈的言辭，未免有些危言聳聽，並不完全符合當時

社會的實際，其目的則是為了提醒世人不能一味模仿外國，而「要使中國的政治、社會和思想都具有中國的特徵」。為此，他們提出了「中國本位的文化建設」的要求和辦法。要而言之，其基本主張是：

中國是既要有自我的認識，也要有世界的眼光，既要有不閉關自守的度量，也要有不盲目模仿的決心。

不守舊，不盲從，根據中國本位，採取批評態度，應用科學方法來檢討過去，把握現在，創造將來。（《文化建設》第 1 卷第 4 期，1935 年 1 月 10 日）

「中國本位的文化建設」的主張，遭到了「全盤西化」論者的批評，指其是「『中學為體，西學為用』的最新式的化裝出現」（《獨立評論》第 145 號，1935 年 4 月 7 日）。但同時也引起了不少人的關注與贊同，其中一些學者特別強調了在與外來文化接觸和吸收中樹立「中國本位意識」和「主體意識」的重要性。如有的學者說「沒有本位意識，是絕對不可與外來文化接觸的」。因此，在建設「中國

本位文化」之前,「還須先建設『中國本位意識』以為前提。若是不然,則我們一切的努力,是要歸於白費的。」(《文化建設月刊》第一卷第九期,1935年6月10日)有的學者則說「一個民族失了自主性,決不能採取他族的文明,而只有為他族所征服而已」。因此,只有「恢復中國人的自主性,如此才能有吸收外族文化的主體資格」(《正風半月刊》第1卷第2期,1935年1月16日)。

此外,在這次討論中,一些學者還特別強調了這樣一個觀點,即「現代化」不等於「歐化」或「西化」。如說:「『科學化』與『近代化』並不與『歐化』同義,所以我們雖科學化近代化而不必歐化。」(《文化建設月刊》第1卷第4期,1935年1月10日)「現代化可以包括西化,西化卻不能包括現代化。」(《國聞週報》第十二卷第二十三期,1935年6月17日)。由此,他們認為,就中國的現代化來講,既要「將中國所有西洋所無的東西,本著現在的智識、經驗和需要,加以合理化或適用化」,同時也需「將西洋所有,但在現在並未合理化或適應的事情,與以合理化或適用化」(同上)。以上這些觀點和想法,即使在今天也還是有一定啟發意義的。

　　儘管在各次論戰中公開宣稱要「全盤西化」的
人並不是很多，但如上所述，由於歷史的原因，把
現代化認同於西方化的則至今仍不乏其人。因而在
二十世紀以來的社會具體改革實踐上和大部分人們
的潛在意識上，「全盤西化」事實上占了主導的地
位。正由於此，長期以來在中國傳統文化的認識和
處置方面存在著嚴重的片面性。

二

　　應當說，在以往的一個世紀中，中國文化走以
西方化為主的道路是有其歷史的必然性和必要性
的，它對中國社會的進步發展是起了積極的促進作
用的。同樣，這一時期中對於中國傳統文化的清算
和批判也有其歷史的合理性，因為沒有這樣的清算
和批判，人們很難擺脫幾千年來形成的舊觀念的
束縛。

　　然而，當我們回過頭來冷靜地審視與反思一下
以往這個世紀中國文化所走過的道路，則就不難發
現其中存在著不少認識上和結構上的偏頗。其中最
突出的問題，我想是中西文化比重的嚴重失衡。而
最足以說明問題的事實是，從近代實行新式學校教
育以來，我們的學校制度、課程設置基本上是仿照

歐美（以後又是前蘇聯）模式，而課程內容也以西方文化為主（數、理、生、化和外語自不必說，史、地是中外對等；音樂、美術的題材可能是中國的，而方法則都是西洋的；中國語文的內容當然都是中國的，然以新文化運動以來的現代題材和範文為主，而所教的語法則幾乎全是從西洋語法中套用過來的）。反之，中國傳統教育方法（其中有不少優秀的東西值得繼承）幾乎全被摒棄，中國傳統文化方面內容更是少得屈指可數。因此，除大學攻讀各類有關中國傳統文化專業的學生外，從這樣的小學、中學、大學中培養出來的人，如果他又沒有課餘對中國傳統文化不同程度的愛好，那他的知識結構肯定是西洋知識超過中國知識。就在現在，我們還常常可以聽到這樣的議論：中國知識青年所具有的西方知識遠比西方知識青年所具有的中國和東方知識來得豐富，並以此為驕傲。我想，我國知識青年具有較多的西方知識，這無疑是一個優點，值得肯定和讚揚。但是，同時我們也一定聽說過，一些西方學者對我國不少大學生、研究生有時連一些最起碼的中國傳統文化知識也不甚了了所表示的驚愕吧。那麼，對此難道就不應當讓我們感到羞愧，並引起我們的深刻反省嗎？

　　如上所述，由於近一個世紀以來社會對中國傳統文化的認識存在著嚴重的片面性，造成了長期以來國民基礎教育中輕視傳統文化教育的偏差。現在是到了糾正這些片面性，重新來認識中國傳統文化的時候了。這裡需要說明的一點是，我認為以往所出現的對傳統文化認識上的片面性，絕不是由個別人造成的，而我們今天提出糾正這些片面性，也並不是說我們比前人高明。事實上，如果沒有前人和前一歷史時期所走過的彎路，也可能根本就不會有我們今天的這種反思、認識和願望。這也就是說，我們今天提出的反思和重新認識，主要是著眼於今後中國文化的建構與發展，而不是糾纏於歷史的是非。因此，我在這裡主要也是從歷史發展的角度來探討有關重新認識中國傳統文化的問題，不一定涉及許多傳統文化的具體內容。

　　人們習慣地把當今世界文化現象概括分之為東西方文化兩大類型，而從歷史發展的角度來追述，則又常常概括為五大文化圈乃至二十多種文化類型等等。中西文化之間的差異，從根本上來說是不同類型文化之間的差異。然而，這種不同類型的文化，在其各自的歷史發展過程中，由於所在地區、民族、國家具體歷史進程的差異，當人們在同一時

段內對他們進行比較時，則又會顯現出許多時代性差異的特徵來。從理論上來講，當我們對中西文化進行比較時，最主要的是應當注意其類型上的差別，發現其間由此而形成的各自不同特點，以及相互之間的互補性，以推進全人類文化的共同繁榮和發展。但是，要在實踐上這樣去做並不容易。在以往的一個世紀裡，在有關中西文化的爭論中，有不少學者都已注意到了中西文化為類型上之不同，並強調不應對西方文化盲目崇拜，對中國傳統文化妄自菲薄。然而由於當時中國社會歷史發展階段、經濟發展水準整整落後於西方地區和國家一個歷史階段，因此，社會上對中西文化之間的差異，更注意和強調的是兩者之間的時代性差異。特別在中國，由於單純學習西方器物文明（從魏源提出「師夷之長技以制夷」到洋務運動的「中學為體，西學為用」，時間有半個世紀）的徹底失敗，維新變法的失敗，乃至辛亥革命果實的被篡奪等等，更增進了人們對中國傳統文化在時代上落後的想法。這也就是在以往一個世紀中為什麼會形成對中國傳統文化有如此強烈批判和否定傾向的一個重要歷史原因。

　　現在的時代不同了。二戰結束以後，特別是六十年代中期以來，東方地區、民族、國家和社會的

情況發生了巨大的變化。這些民族和國家不僅在政治上擺脫了殖民地或半殖民地的地位，取得了獨立，而且其中一部分國家在經濟上也取得了高速的發展。中國大陸在一九四九年取得政治獨立，七十年代末執行改革開放以來，經濟上也取得了巨大的發展。這些都說明，東方地區、國家的整個社會發展情況發生了根本的變化，與西方地區、國家相比儘管在許多方面還存在著不同程度的差距，但它已不再是過去那種歷史階段或時代之間的差異了。正是這種政治、經濟、社會境況的變化，也促使了東方民族對自己文化傳統的反思和自覺，並開始恢復對民族傳統文化的自尊和自信。這正是我們所以提出要重新認識中國傳統文化的現實根據。

在強調中西文化的時代差異中，最突出的一個問題是民主（或者說自由、平等、民主）思想問題。毫無疑問，在中國傳統文化中是找不到近代意義上的民主思想和自由、平等觀念的。事實上，西方近代文化中的自由、平等、民主思想，也並非古已有之的，而是在社會發展到以工商資本為主要形態以後，並且通過激烈的社會變革和觀念變革才發展起來的。因此，在當時還處於封建社會的中國傳統文化中，找不到近代工商資本社會所具有的民主

思想觀念是一點也不奇怪的。中國人民百年來前赴後繼的流血奮鬥，正是為了改變這種中西社會和文化上的時代差異問題。儘管今天中西社會在經濟和文化發展程度方面還存在著不小的差距，但應當明確一點，這種發展程度上的差距，已不是過去那種時代的差異了。

相對于解決中西文化的時代差異問題，處理中西文化類型上差別的問題要複雜得多。如果說時代上的差異我們可以通過社會變革和觀念變革來迎頭趕上，乃至消除的話，那麼對待文化類型上的差異是不能用「趕上」的方法去解決的，而且可能是永遠不能消除的。因為，這種文化類型的差異，是在各自地區、民族、國家文化的長期發展中形成的，它凝聚著不同地區民族的歷史傳統，體現著不同地區民族的特有性格和精神風貌（諸如生活習俗、禮儀舉止、思維方式、價值觀念等等），因而它也就會深刻地影響著不同地區、民族、國家今天文化發展的總體方向和特點。在這一問題上是不可能、也不應當強求一致的。當然，這並不是說不同類型文化之間不需要交流，更不是說不同文化類型之間不可能進行交流。事實上，從古到今，不同類型的文化之間無時無刻不在進行著交流。融通是一種交

流，衝突也是一種交流。只是，這種交流總是以一種文化為主體去吸取另一種文化中與己有益的營養成分來豐富和發展自己。因此，在不同文化的交流中，主體意識是不能沒有的，否則出主而入奴，將淪為他種文化的附庸。

西方近代民主思想並非古已有之，但這並不意味著它與西方傳統文化毫無淵源關係。眾所周知，西方近代文化發端於歐洲的「文藝復興」，僅此即可說明西方近代文化的形成，與它對傳統文化的繼承和發揚有著密切的關係。再有，同樣是眾所周知的事實，歐洲近代啟蒙運動深受東方文化，特別是中國儒家孔子思想的啟發。在當時許多歐洲啟蒙思想家那裡，中國一度成為他們心目中的理想國，儒家倫理被解釋為最富民主、平等精神的學說，孔子也被推尊為時代的守護尊者，讚美、景仰之情溢於言表。然而，西方近代文化的發展並沒有因此而同化於東方或中國文化，而是在積極吸取中國傳統文化中的人文精神等營養以後，發展出了與古希臘、羅馬和希伯來傳統文化接軌的近代西方文化來。西方近代的人本主義不等同于中國傳統文化中的人文精神，西方近代的平等觀念也不等同於中國儒家「民胞物與」、「推己及人」的「泛愛」說，而西方

近代的民主思想則更是不等同於中國儒家的民本理念。弄清楚這一點是非常重要的。

以上的事實它至少告訴我們三件事：一、在西方近代文化的發生過程中，曾受到過東方，特別是中國傳統文化的極大影響，並吸收了其中某些有益的營養；二、在西方近代文化的發生過程中，曾積極繼承和發揚了西方傳統文化中的優秀成分，並以西方文化為主體來吸取外來文化營養的，由此而形成的近代文化是一種西方類型的文化；三、在中國傳統文化中並不是一點也沒有可為近現代民主思想和制度借鑒和啟發的東西，相反，它已對西方近代民主思想和制度的生成產生了某種啟發作用，因而，只要今人選擇和詮釋得當，也必將對中國現代民主思想和制度的健全產生良多的啟發與借鑒作用。

西方近代文化發生發展的歷程是很值得我們深思和借鑒的。學習、借鑒和吸收外來的文化，與繼承、發揚傳統的文化，應該而且也是可以很好地統一起來的。它既不像某些人所鼓吹的，對外來文化只能全盤接受；也不像某些人所描繪的，中國傳統文化落後、腐朽到一無可取之處。

以往一個世紀對中國傳統文化有那麼激烈批判的另一個重要原因是，當時正值西方實證科學最為

興旺的時期，理性至上與邏輯推理，實證至上與普遍有效等被視為唯一的科學方法，而凡與此不一致者，則被斥之為非理性的、非科學的，甚至是愚昧落後的、神秘主義的，應當被淘汰的。毋庸諱言，中國傳統文化的思維方式與實證科學的思維方式相距甚遠，於是在那一時代追求實證科學的人們的目光裡，中國傳統文化就成了落後無用，必然要被淘汰的東西了。而中國傳統文化中那些模糊含混、缺乏邏輯推理和神秘主義的思維方式，則更是發展實證科學思維方法的嚴重阻力，必須徹底批判和清除。

現在，這種情況也在發生變化。現代科學的發展，越來越發現實證科學的方法遠不是完滿的，更不是唯一的。許多科學家在研究中碰到用實證科學方法無法證明和解釋的問題時，正在越來越多地到東方（包括中國）傳統文化中那些模糊、混沌的理論與方法中去尋求解答，並且取得了相當可喜和可觀的成果。

當代著名化學家，一九七七年諾貝爾化學獎獲得者普裡高津（Ilya Prigogine），在為他的著作《從混沌到有序》中譯本所寫的序言中說：「中國文明具有了不起的技術實踐，中國文明對人類、社會與自然之間的關係有著深刻的理解。」

　　中國的思想對於那些想擴大西方科學的範圍和意義的哲學家和科學家來說，始終是個啟迪的源泉。我們特別感興趣的有兩個例子。當作為胚胎學家的李約瑟（Joseph Needham）由於在西方科學的機械論理想（以服從普適定律的慣性物質的思想為中心）中無法找到適合於認識胚胎發育的概念而感到失望時，他先是轉向唯物辯證法，然後也轉向了中國思想。從那以後，李約瑟便傾其畢生精力去研究中國的科技和文明。他的著作是我們瞭解中國的獨一無二的資料，並且是反映我們自己科學傳統的文化特色與不足之處的寶貴資料。第二個例子是尼爾斯‧波爾（Niels Bohr），他對他的互補性概念和中國的陰陽概念間的接近深有體會，以至他把陰陽作為他的標記。這個接近也是有其深刻根源的，和胚胎學一樣，量子力學也使我們直接面對「自然規律」的含義問題。（轉引自《中國印象─世界名人論中國文化》）

　　其實，普裡高津自己可說是第三個例子。此外，八十年代初風行美國的當代著名物理學家卡普拉（F. Capra）所著的《物理學之「道」》，也可稱為第四個例子；日本著名物理學家，一九四九年諾

貝爾物理學獎獲得者湯川秀樹，又可稱為第五個例子……如此等等，我想不必再多加羅列也已經足夠說明問題了。

這也就是說，在中國傳統哲學整體直觀的樸素方法和談玄說道的形而上學中，包含著豐富的現代科學理論的「源泉」，只要人們善於發現並詮釋之，則將對現代科學發展發生積極的推動作用。不僅如此，從目前的趨勢看，東方（尤其是中國）傳統文化中天地萬物一體的整體自然觀，正越來越被世界有見識的哲學家和科學家所重視和接受，它很可能會深刻地影響到整個科學觀念的變化。原先按照實證科學機械論所規定的「科學」概念的內涵，也將重新予以審議和規定，至少許多原先被視為所謂「神秘主義」的東方與中國傳統文化、哲學中的論題、觀念和概念等，不應當再被排斥在「科學」概念之外。

沒有民主思想，缺乏科學精神，是新文化運動以來，大部分知識份子對中國傳統文化抱有的兩個解不開的情結。「五四」時期高舉民主與科學兩面大旗，正是這種情結的表露。時隔將近一個世紀了，中國社會和文化形態也已發生了根本的變化，世界範圍的文化觀念也在發生巨大的變化，我想這兩個

情結也到了應當化解的時候了。因此,當我們致力於學習西方民主與科學的時候,不僅不再應當妄自菲薄,乃至全盤否定自己民族的傳統文化,相反,應當積極地發掘自己民族傳統文化中的優秀成分,做出合於時代精神的詮釋,以貢獻于世界未來世紀文化的發展與建設。

三

通過以上的反思和分析,現在可以來談對於二十一世紀中國文化建構的設想了。我認為,中國在下一世紀的文化建構中必須注意兩個方面的問題:一是調整好中西文化的比例,確立中國文化的主體意識,樹立對中國文化(包括傳統文化)的自尊和自信;二是調整科技文化和人文文化的比例,充分認識人文文化在社會發展和進步中的重要意義,積極扶植和發展人文文化。

關於第一個調整,我想通過以上兩部分的分析與論述,應當說已經很清楚了,似無需多講了。然而,尚需要囉嗦幾句的是,時至今日還有那麼一些人對中國傳統文化抱有各種很深的成見。如對儒家思想,有的人就認為,儘管經過這麼長時間的激烈批判,但儒家傳統中的封建倫理觀念在社會生活的

各個方面仍然有著很深的影響，尤其是在那些深層的人際關係中，以及比較閉塞、落後的農村。因此，他們認為，清除儒家傳統倫理的影響，引進現代西方的生活規範和倫理觀念，仍然是當前思想文化方面的主要任務。於是，一些人就常常把提倡繼承和發揚中國傳統文化的意見，與所謂的「復古主義」、宣揚「封建意識」等聯繫起來而加以反對。

　　不容否認，上述關於傳統文化，特別是儒家倫理中那些封建糟粕還在影響著現代社會的揭示，是有一定的事實根據的。事實上，對於傳統文化中的糟粕部分及其消極影響，在任何時候也不敢說已經清除乾淨了這樣的話。因為，作為一種曾經存在過的、而且有著廣泛深刻影響的歷史文化，只要有合適的環境，它就有可能死而不僵，就有可能在現代社會中沉渣泛起，人們對此自不應掉以輕心。然而，我們也絕不能因此而因噎廢食，不要或不敢去繼承傳統文化中的優秀部分，發揚其積極的影響。更何況還有另一方面的事實也在促使人們去深思。那就是，由於以往的過分否定傳統（包括儒家）倫理，無論在家庭中還是在社會生活中，有多少人腦子裡還有「孝悌」、「忠信」等倫理觀念？以至於在一般人的頭腦中，特別是青年中，連最起碼的家

庭、社會倫常觀念都不清楚。更有一些人在模糊不清的西方「自由」、「平等」等觀念的驅使下，甚至連如何恪盡正常社會分工下個人職業職責的倫理觀念都沒有。因此，當前很有必要強調一下繼承和發揚中華民族的傳統美德，並且認真地吸取傳統（包括儒家）倫理觀念中那些合理的內容，從而建立起符合時代精神的倫理觀念和社會倫序。

以上兩種不同的認識和估計，應當說都有根據，然而在如何解決問題上則反映出了兩種不同的思維方式。以往，人們受「不破不立」，「破字當頭，立也就在其中了」的思維方式的影響，把「破」看得比「立」更重要，乃至以為「破」了舊的，新的自然就會「立」起來。因此，長期以來在思想文化方面是「破」多「立」少，「破」強「立」弱，甚至有些方面是有「破」無「立」，其結果則是造成人們在思想文化方面的混亂、迷茫、空白和無所適從。其實，「破」和「立」是既有聯繫而又不能互相代替的。「破舊」只是為「立新」創造了條件，而並不能替代「立新」。「新」如果「立」不起來，或長期不「立」起來的話，除了會造成上面所說的人們思想上的混亂、迷茫、空白和無所適從之外，已「破」的「舊」還可能會死灰復燃、捲土重來。

就這一意義來講,「立」比「破」更重要,而且通過「立」,人們將全面地檢討前此的「破」,因而也能減少繼續再「破」時的盲目性和片面性。

我認為,就當前中國社會來講,最迫切需要的是要樹立起民族文化的主體意識或本位意識,強調繼承和發揚中華民族的傳統美德,認真研究和吸取傳統倫理觀念中那些合理的內容,建立起符合時代精神所需要的倫理觀念、道德規範和社會倫序。我相信,通過建立和宣導這些新的符合時代精神需要的倫理觀念、道德規範和社會倫序,對於繼續清除那些殘留的、不符合時代需要的舊道德規範和倫理觀念,將會更有力、有效。

關於第二個調整,它不僅對中國二十一世紀文化的建構有意義,而且對世界文化的未來發展也具有重要的意義。

二十世紀是科技文化獲得空前發展的一個世紀,它在天道(物理)探求方面所取得的成就,超過了以往的所有世紀,這是值得人類為之驕傲的。然而,二十世紀人類在人道(倫理)的探求和建設方面是否也取得了可以與科技成就相提並論的成就呢?這是我們今天要深刻反思的問題。二十世紀上半個世紀接連發生了兩次世界大戰,當時它引起了

世界上許多思想家的反思。許多思想家對以西方文化為主導的文化取向一度發生了疑問，出現了一股新人文主義的思潮，出現了一批嚮往東方文化人文精神的思想家。上文提到的我國二三十年代的那場中西文化大討論，也與這一時代背景有著密切的關係。當時，有些中國學者已深刻地認識到，單純的科技文化的發展並不能真正地、完全地解放人類。瞿秋白說：

> 技術和機器說是能解放人類于自然權威之下，這話不錯，然而他不能調節人與人之間的關係。資本主義時代的科學尤其只用在人與自然之間的技術上，而不肯用到或不肯完全用到人與人之間的社會現象上去。

> 技術的發明愈多，人類的物質的需要也愈多—如此輾轉推移，永無止境。

> 文明人不但沒有從物質生活解放出來，反而更受物質需要各方面的束縛鎖繫。以全社會而論，技術文明始終只能解放一部分的人。（《東方雜誌》第21卷第1號，1924年1月）

　　這些分析，即使在今天也還是極具啟發性的。但是，在二十世紀的下半個世紀，隨著高新科技的高速發展，物對人的引誘力和支配力是越來越強大了，注重人倫道德的人文精神被追逐物欲的浪潮所淹沒，人文學科也由此而受到冷落。二十世紀文化發展的總趨勢，仍然如英國著名歷史學家湯因比所說的，是對科技的崇拜。

　　在當今新知識層出不窮、瞬息萬變的資訊時代，人們如果在科技文化知識方面不能不斷提高和更新的話，則必將為時代所淘汰。但是，在人們不斷提高和更新科技文化知識的同時，也不能回避這樣一個問題，即這些高、新、精、尖的科技知識，在迅速提高人們的物質生活的同時，是否有利於改善人類的整體生存環境，是否有助於人類的精神生活的提升？許多有見識的人們發現，人類創造的現代高科技，不單純是一種征服自然的力量，反過來也會成為控制和支配人類自身的一種強大的力量。人類征服自然的手段和力量越來越強大，同時也越來越依賴這些手段，以及人為環境。於是，只要這種人為環境中的任何一個環節出現一點小問題，都有可能使整個社會和個人生活陷於癱瘓。這也就是說，人類正在不斷地淪為自己所創造出來的高新科技的奴隸，個人、社會和國家正在

不斷喪失自我和個性。由此而造成的種種社會問題，是當今世界的危機。

其實，由科技發展帶來的種種嚴重社會問題，其責任並不在科技發展本身，而在於發展科技的人，在於現代人的價值取向。無可否認，當今世界是一個講求實力的時代，全世界的實力競爭，把全人類逼上了一條無限追求物質增長的險途而不知返。由此，追求物質財富和生活享受也就成了絕大多數現代人的主要人生目標，而在某些人那裡甚至是唯一的目標。在這樣的價值觀念支配下，一切都只是為了功利，為了生活享受。因此，自然環境和科技手段都只不過是達到人們某種功利和享受的資源和工具，可以不顧一切後果地去攫取它。更有甚者，在這種價值觀的支配下，他人也只不過是一種物，一種資源，一種相互利用的關係而已。於是，人與自然的關係，人與人的關係，都被嚴重地扭曲了。因此，要克服和擺脫這種人類創造力的自我異化，單靠科技的發展是無法解決的，而只有重興人文精神，重塑現代人的價值取向才有可能。正是有鑑於此，我認為中國二十一世紀文化建構的方向，應當大力加強人文文化建設的力度，充實人們的精神生活，健全社會的文化結構。

樓先生說

◎文化是一把雙刃刀，有好的一面，也有不好的一面，關鍵看人怎麼去運用它。

◎中國文化強調「致中和」，注重配合、平衡。文化之間不僅有交流，也存在競爭。

◎個人道德準則四要素：第一，要有羞恥心。第二，要講誠信。第三，作為一個人要講最起碼的氣節。第四，應該懂得感恩。

◎只有用中道，才能辯證地去看各種文化中的異同，才能讓各種文化相互間取長補短。在取長補短中再相互推動發展，結果是你中有我，我中有

你，你又是你，我又是我，這是最圓滿的結果。

◎中國文化有兩大優良傳統：一個是以史為鑒；另一個是以天為則。以史為鑒就是以歷史作為一面鏡子，以天為則就是以天地萬物作為效仿的榜樣，做任何事情都不要違背事物的本性。

◎《論語》中提道：「未能事人，焉能事鬼！……未知生，焉知死」；「敬鬼神而遠之，可謂知矣」。歷史上稱儒、釋、道為三教，教，就是所謂的人文教化。儒家思想強調修身，要以人為本，克己復禮才能成為聖人，這也是中國文化核心的觀點。

◎有很多人喪失了文化的主體性，以至於跟在西方文化後面走。我們對儒家文化要有正確的認識，真正把儒家文化作為中國傳統文化的重要源頭來加以保護。我們要有文化主體意識，對傳統文化認同、尊重，只有我們對自己的傳統文化有自信，別人才能尊重你。

◎中國人沒有抽象的邏輯，但是有實踐的邏輯，沒有語句中的邏輯，但是有語境中的邏輯。

◎中國文化的一個重要特點是言不盡意，一句話裡可能會包含無窮多的意義，可以從不同的角度解釋。中國文化強調再創造，中國的傳統是述而不作，後人尊重聖賢的創作，但其在「述」的過程中就有很多的「作」。正因為如此，思想才能發展。

◎「無為而治」是最高的管理哲學。現在很多人不敢放權，更不敢無為而治。無為恰恰是最高明的。無為而治是要掌握根本原則，讓人充分發揮創造性。

◎世界文化的發展有兩大趨勢，一是東西方都在回歸傳統，二是向東方文化靠攏。從這兩大趨勢看，中國回歸傳統文化還是有希望的。

◎「天有其時，地有其財，人有其治」，人要參與到自然化育之中，但不能隨意去改造自然。按照中國的傳統說法，人為就是非天然的，人應該尊重自然，不要去做超自然力的神，而是要做受自然規律支配的人。但是，人也不是消極地受支配，而是要按照自然規律去推動世界的發展。

◎中國文化最偉大之處在於其包容性，同是單一的，和是多元並存的。我們要用包容的胸懷看待歷史問題，破除古今文化的壁壘。

◎中國人創造了禮樂文化，每個人都要按禮規定的身份去踐行社會責任，並享有自己的權利，古人用樂來使社會關係更加和諧融洽，禮樂教化是一種潛移默化的方式。

◎做本分事、持平常心、做自在人，行慈悲願、啟般若慧、證菩提道。

◎現在大家不是只要自己的傳統文化而排斥其他文化，恰恰相反，我們對自己的文化缺乏最基本的瞭解、尊重，對傳統文化不自信。

◎道是整個宇宙的自然本性，德是每個事物的自然本性，道德是從自然本性的角度來講的，仁義是從行為規範的角度來講的。

◎中國的宗教是人道的宗教，以人為本；西方的宗教是神道的宗教，以神為本。

◎如果我們用中國傳統文化中的哲學、科學現象概括出適合自己的理論，那我們的人文一定是一流的。如果再跟西方作對比研究，超越西方的理論，那更是一流的，問題是我們第一步都還沒做到，還欠缺很多。

◎中國的文化本來就是很包容的，包容中最重要的內容就是挺得住，我們有自己的文化主體意識，什麼來都可以消化、吸納，可以用來充實自己，這是中國文化的重要特點。不用排斥來維護自己，而是用吸收來壯大自己，中國文化應該有這種氣魄，沒有這種氣魄我們就是不肖子孫，因為我們沒有做任何努力。

◎在我看來，現在社會最極需的是禮、義、廉、恥。

中國文化的根本精神

作　　　者	樓宇烈	
發 行 人	林敬彬	
主　　　編	楊安瑜	
責 任 編 輯	王聖美	
內 頁 編 排	詹雅卉（帛格有限公司）	
封 面 設 計	林子揚	
編 輯 協 力	陳于雯、丁顯維	
出　　　版	大都會文化事業有限公司	
發　　　行	大都會文化事業有限公司	
	11051 台北市信義區基隆路一段 432 號 4 樓之 9	
	讀者服務專線：（02）27235216	
	讀者服務傳真：（02）27235220	
	電子郵件信箱：metro@ms21.hinet.net	
	網　　　址：www.metrobook.com.tw	
郵 政 劃 撥	14050529 大都會文化事業有限公司	
出 版 日 期	2018 年 03 月初版一刷	
定　　　價	300 元	
I S B N	978-986-96238-0-3	
書　　　號	M180301	

◎本書由中華書局（北京）授權繁體字版之出版發行。

◎本書如有缺頁、破損、裝訂錯誤，請寄回本公司更換。

國家圖書館出版品預行編目(CIP)資料

中國文化的根本精神 / 樓宇烈著. -- 初版. -- 臺北市：
大都會文化, 2018.03
288 面；21×14.8 公分
ISBN 978-986-96238-0-3（平裝）

1.中國文化　2.文化評論

541.262　　　　　　　　　　　　　　　107002722

大都會文化
METROPOLITAN CULTURE